Oh, das kriegen wir schon hin!

Von Lebenskünstlern
und unerschütterlichen
Optimisten

Herausgegeben von
Meike Wolff

rororo
Rowohlt

Originalausgabe
Umschlaggestaltung: Christine Pitlinski und Bettina Schreyer
Umschlag- und Titelzeichnung: Marian Kamensky
Layout: Jan Enns

Veröffentlicht im Rowohlt Taschenbuch Verlag GmbH,
Reinbek bei Hamburg, Oktober 1985

Gesetzt aus der Sabon (Linotron 202)
Gesamtherstellung Clausen & Bosse, Leck
Printed in Germany
500-ISBN 3 499 15724 1

Inhalt

Mit Zeichnungen von
*Peter Kaste * Wilhelm Busch * Karl-Heinz Brecheis * Erich Rauschenbach * Britta van Hoorn * Miroslav Barták * Doris Hax * Gerald A. Mayerhofer * Jules Feiffer * Reinhold Löffler * Renate Fuhrmann * Dieter Stadler * Klaus Pitter * B. Ronstein*

Vorwort

Leute gibt's, die haut so schnell nichts um. Gehören Sie dazu?

Begegnen Sie den Widrigkeiten und Tücken des Alltags gelassen und, wenn es geht, mit Humor? Freuen Sie sich nach einem Wolkenbruch über den herrlichen Regenbogen mehr, als Sie sich über Ihre völlig durchweichten Schuhe ärgern? Liegt Ihnen das Berge-Versetzen mehr als das Kopf-in-den-Sand-Stecken?

Dann wird der Titel dieses Buches, das beruhigend aufmunternde «Oh, das kriegen wir schon hin!», sicherlich zu ihrem Standard-Repertoire gehören.

Auf den nächsten knapp hundert Seiten dreht sich alles um die zuversichtliche Lebenshaltung, die dieser Satz zum Ausdruck bringt. Um den Optimismus nämlich. Auch wenn er allein bekanntlich keine Probleme lösen kann, sorgt er doch für die Ausdauer, sie immer wieder und mit allen Mitteln und Tricks in Angriff zu nehmen. Ich hoffe, die Gedanken und Geschichten der 24 in diesem Band versammelten Autoren und Autorinnen können Ihnen da noch ein paar Ideen (ernst gemeint oder nicht) vermitteln und Ihren Optimismus krisensicher stärken!

Meike Wolff

KASTE'

Karl-Heinz Söhler

Ein jeder hat, so hört man sagen,
im Leben seine Last zu tragen.
Dagegen ist nichts einzuwenden:
Der eine trägt sie in den Händen.
Der andre – über plattem Schopf –,
der balanciert sie auf dem Kopf.
Der dritte mit gebeugtem Rücken
läßt sich von ihr zu Boden drücken.
Wo man sich müht, ist unerheblich,
denn keine Mühe ist vergeblich.
Entscheidend ist nicht, was man trägt,
nur wie man sich damit bewegt.

Kurt Tucholsky

Das Ideal

Ja, das möchste:
Eine Villa im Grünen mit großer Terrasse,
vorn die Ostsee, hinten die Friedrichstraße;
mit schöner Aussicht, ländlich-mondän,
vom Badezimmer ist die Zugspitze zu sehn –
aber abends zum Kino hast dus nicht weit.

Das Ganze schlicht, voller Bescheidenheit:

Neun Zimmer, – nein, doch lieber zehn!
Ein Dachgarten, wo die Eichen drauf stehn,
Radio, Zentralheizung, Vakuum,
eine Dienerschaft, gut gezogen und stumm,
eine süße Frau voller Rasse und Verve –
(und eine fürs Wochenend, zur Reserve) –,
eine Bibliothek und drumherum
Einsamkeit und Hummelgesumm.

Im Stall: Zwei Ponies, vier Vollbluthengste,
acht Autos, Motorrad – alles lenkste
natürlich selber – das wär ja gelacht!
Und zwischendurch gehst du auf Hochwildjagd.

Ja, und das hab ich ganz vergessen:
Prima Küche – erstes Essen –
alte Weine aus schönem Pokal –
und egalweg bleibst du dünn wie ein Aal.

Und Geld. Und an Schmuck eine richtige Portion.
Und noch ne Million und noch ne Million.

Und Reisen. Und fröhliche Lebensbuntheit.
Und famose Kinder. Und ewige Gesundheit.
    Ja, das möchste!

Aber, wie das so ist hienieden:
manchmal scheints so, als sei es beschieden
nur pöapö, das irdische Glück.
Immer fehlt dir irgendein Stück.
Hast du Geld, dann hast du nicht Käten;
hast du die Frau, dann fehln dir Moneten –
hast du die Geisha, dann stört dich der Fächer:
bald fehlt uns der Wein, bald fehlt uns der Becher.

Etwas ist immer.

Tröste dich,

jedes Glück hat einen kleinen Stich.
Wir möchten so viel: Haben. Sein. Und gelten.
Daß einer alles hat:
    das ist selten.

Eugen Roth

Vorsicht

Ein Mensch, mit keinem Grund zur Klage
Als dem der allgemeinen Lage,
Klagt trotzdem und auf jeden Fall,
Klagt herzlich, laut und überall,
Daß jedermann sich überzeugt,
Wie tief ihn Not und Sorge beugt.
Wenn er sich nämlich unterfinge
Zu sagen, daß es gut ihm ginge,
So ginge es ihm nicht mehr gut:
Der Neid, der rasche Arbeit tut,
Hätt ihn vielleicht schon über Nacht
Um all sein Gutergehn gebracht.
Drum hat der Mensch im Grunde recht,
Der gleich erklärt, ihm ging' es schlecht.

Zweierlei

Ein Mensch – man sieht, er ärgert sich –
Schreit wild: Das ist ja lächerlich!
Der andre, gar nicht aufgebracht,
Zieht draus die Folgerung und – lacht.

Eugen Roth

Hoffnungen

Ein Mensch, der eben auf gut Glück
Versandte ein Theaterstück,
Erwartet nunmehr Tag für Tag,
Gespannt die Antwort vom Verlag.
Die Träume schweifen weit, die kühnen,
Und rechnen schon mit tausend Bühnen,
Sie werden dreist und immer dreister.
Man wird ihm schreiben: «Hoher Meister ...»
Was schreiben – drahten wird man gleich:
«Erbitten Rechte ganzes Reich!»
Nur manchmal denkt der Mensch beklommen,
Die Antwort müßte rascher kommen.
Jedoch, mit Träumen so gefüttert,
Bleibt sein Vertrauen unerschüttert.
Sehr plötzlich liegt dann auf dem Tisch
Sein Drama nebst gedrucktem Wisch:
«Man habe für die p. p. Sendung
Hochachtend leider nicht Verwendung,
Womit jedoch in keiner Richtung
Man zweifle an dem Wert der Dichtung!»
Der Mensch, der eben noch im Geist
Und Flugzeug nach Berlin gereist,
Um zu erobern sich die Welt –
Notlandet schlicht auf freiem Feld.

Heinrich Heine

Lamentation

Das Glück ist eine leichte Dirne
und weilt nicht gern am selben Ort;
sie streicht das Haar dir von der Stirne
und küßt dich rasch und flattert fort.

Frau Unglück hat im Gegenteile
dich liebefest ans Herz gedrückt;
sie sagt, sie habe keine Eile,
setzt sich zu dir ans Bett und strickt.

Vor vielen hundert Jahren lebte ein jüdischer Gelehrter namens Abraham Ibn Esra. Er war weit und breit als Pechvogel bekannt. Was er anrührte, schlug fehl. Scherzend sagte er:

«Wenn ich Leichentücher herstellen werde, wird die Menschheit aufhören zu sterben!»

Wilhelm Busch

Tröstlich

Nachbar Nickel ist verdrießlich,
und er darf sich wohl beklagen,
weil ihm seine Pläne schließlich
alle gänzlich fehlgeschlagen.

Unsre Ziege starb heut morgen.
Geh und sag's ihm, lieber Knabe!
Daß er nach so vielen Sorgen
auch mal eine Freude habe.

Erich Kästner

Ein Pessimist, knapp ausgedrückt

Ein Pessimist ist, knapp ausgedrückt, ein Mann,
dem nichts recht ist.
Und insofern ist er verdrießlich.
Obwohl er sich, andrerseits, schließlich
(und wenn überhaupt) nur freuen kann,
gerade weil alles schlecht ist!

Einer von ihnen hat mir erklärt, wie das sei
und was ihn am meisten freute:
«Im schlimmsten Moment, der Geburt, sind die Leute
(hat er gesagt) schon dabei.
Doch gerade das schönste Erlebnis
erleben sie nie: ihr Begräbnis!»

Oskar Blumenthal

Den Pessimisten

Ich kenne eurer Weisheit bittern Kern,
und doch – ich kann den Wahn nicht meiden.
Ich lebe einmal für mein Leben gern
und kann das Sterben auf den Tod nicht leiden.

Joachim Ringelnatz

Und auf einmal steht es neben dir

Und auf einmal merkst du äußerlich:
Wieviel Kummer zu dir kam,
Wieviel Freundschaft leise von dir wich,
Alles Lachen von dir nahm.

Fragst verwundert in die Tage.
Doch die Tage hallen leer.
Dann verkümmert deine Klage ...
Du fragst niemanden mehr.

Lernst es endlich, dich zu fügen,
Von den Sorgen gezähmt.
Willst dich selber nicht belügen
Und erstickst es, was dich grämt.

Sinnlos, arm erscheint das Leben dir,
Längst zu lang ausgedehnt. – –
Und auf einmal – –: Steht es neben dir,
An dich angelehnt – –
Was?
Das, was du so lang ersehnt.

Erich Kästner

Spaziergang nach einer Enttäuschung

Da hätte mich also wieder einmal
eine der hausschlachtenen Ohrfeigen ereilt,
die das eigens hierzu gegründete Schicksal
in beliebiger Windstärke und Zahl
an die Umstehenden gratis verteilt.

Na schön. Der Weg des Lebens ist wellig.
Man soll die Steigungen nicht noch steigern.
Es war wieder mal eine Ohrfeige fällig.
Ich konnte die Annahme schlecht verweigern.

So ein Schlag ins vergnügte Gesicht
klingt für den, der ihn kriegt, natürlich sehr laut,
weil das Schicksal mit Liebe zur Sache zuhaut.
Tödlich sind diese Ohrfeigen hingegen nicht.
Der Mensch ist entsprechend gebaut.

Jedoch, wenn ich den See betrachte
und die schneeweiß gedeckten Berge daneben,
muß ich denken, was ich schon häufig dachte:
Diese Art Ohrfeigen brauchte es nicht zu geben.

Da rennt man nun die Natur entlang
und ist froh, daß man keinem begegnet.
Die Vögel verüben Chorgesang.
Die Sonne scheint im Überschwang.
Aber innen hat's ziemlich geregnet.

Die Glockenblumen nicken verständig.
Eine Biene kratzt sich ernst hinterm Ohr.
Und der Wind und die Wellen spielen vierhändig
die Sonnenscheinsonate vor.

Das Schicksal wird mich noch öfter äffen
und schlagen, wie es mich heute schlug.
Vielleicht wird man wirklich durch Schaden klug?
Mich müssen noch viele Schläge treffen,
bevor mich der Schlag trifft! Und damit genug.

Karl-Heinz Söhler

Alltagsweisheiten

Es grämte sich ein Mensch zur Qual:
Er sah die Welt als Jammertal,
bis er erstaunt den Fehler fand:
Es war der Punkt, auf dem er stand.
Er ging nur ein paar Schritte weiter –
und plötzlich schien sie ihm ganz heiter.

*

Mir ist da jüngst ein Mensch begegnet,
der freut sich immer, wenn es regnet,
und lächelnd sagte er dann noch:
Wenn ich mich nicht freu' – regnet's doch!

Wie im Paradies

Eine arme Frau, die in einem Vorort von Ak-Schehir eine elende Hütte bewohnte, kam eines Tages zu Nasreddin und erbat sich seinen Rat.

«Mein Mann, meine fünf Kinder und ich», jammerte sie, «sind in unserem einzigen Raum schrecklich schlecht dran. Was könnten wir nur tun, um unsere Lage zu verbessern?» Der Hodscha dachte einen Augenblick nach, dann rief er:

«Trage deine Hühner ins Zimmer!»

Die Frau blickte ihn erstaunt an: «Ich will es tun, Meister Hodscha.»

Am nächsten Tag: «Jetzt ist es noch viel schlimmer.»

«Nimm deine Hasen herein!»

«Es wird immer ärger.»

«Hole den Hund zu dir!»

«Es ist fürchterlich.»

«Dann zögere nicht länger und nimm auch noch den Ziegenbock dazu!»

«Hodscha, bei uns geht es wie in der Hölle zu.»

Wiederum überlegte Nasreddin, dann erklärte er:

«Trage die Hühner wieder hinaus!»

«Nun ist es etwas besser, Herr.»

«Nimm die Hasen fort!»

«Wir haben es bequemer.»

«Lasse den Hund wieder draußen schlafen!»

«Es wird immer leichter.»

«Schaffe dir den Ziegenbock vom Hals!»

«Hodscha, jetzt ist es bei uns wie im Paradies!»

(einer im Volksmund überlieferten Geschichte über den «türkischen Eulenspiegel» Mullah Nasreddin nacherzählt)

Joachim Ringelnatz

Komm, sage mir, was du für Sorgen hast

Es zwitschert eine Lerche im Kamin,
Wenn du sie hörst.
Ein jeder Schutzmann in Berlin
Verhaftet dich, wenn du ihn störst.

Im Faltenwurfe einer Decke
Klagt ein Gesicht,
Wenn du es siehst.
Der Posten im Gefängnis schießt,
Wenn du als kleiner Sträfling ihm entfliehst.
Ich tät es nicht.

In eines Holzes Duft
Lebt fernes Land.
Gebirge schreiten durch die blaue Luft.
Ein Windhauch streicht wie Mutter deine Hand.
Und eine Speise schmeckt nach Kindersand.

Die Erde hat ein freundliches Gesicht.
So groß, daß man's von weitem nur erfaßt.
Komm, sage mir, was du für Sorgen hast.
Reich willst du werden? – Warum bist du's nicht?

DIES IST EIN SCHÖNES UND GERECHTES LAND, MEIN SOHN.
HIER KANN JEDER TUN UND LASSEN, WAS ER WILL...
JEDER HAT HIER SEINEN MARSCHALL-STAB IM TORNISTER!
WER NICHT GERADE AUF SEINEN KOPF GEFALLEN IST...
...KANN ALLES, ABER AUCH ALLES ERREICHEN...
...REICHTUM, MACHT EHRE, SCHÖNE FRAUEN...

NICHTS IST UNMÖGLICH!
DU MUSST DIR NUR IMMER UND ÜBERALL EINS MERKEN:
WO EIN WILLE IST, IST AUCH EIN WEG!

Alfred Polgar

Der Lastträger

Einem unwahrscheinlicheren Mann als dem Philosophen und Dichter Franz Hessel bin ich nie begegnet. Bosheit war ihm völlig fremd; das Giftgrün fehlte im Spektrum seines Charakters. Schon die Sprechmelodie seiner Stimme log von Menschen und Dingen, sie freundlich verfälschend, das Üble und Gemeine herunter. Auch das Häßliche galt ihm als daseinsberechtigt, weil von diesem um so schöner das Schöne sich abhebt. Wüsten erschienen ihm nur Vorwände für Oasen. Welch ein gerissener advocatus dei!

Ich sah ihn zum letztenmal im Kriegs-Paris, 1940. Frau und Kinder hatten anderes zu tun, so besorgte er, der Sechzigjährige, den Einkauf für die häusliche Küche. Er benützte keinen Einkaufskorb, sondern ein Netz, das, war nichts darin, sich zusammenfalten und in die Tasche stecken ließ. Das Netz hieß «Rosemarie». So pflegte er, der freundlich war zu den geringen Dingen, es zu nennen, in Erinnerung an die Jugendgeliebte, die ein ähnliches Gespinst im Haar getragen, auch, gleich Rosemarie, etwas Leichtes und Lockeres im Wesen gehabt hatte. Nur konnte Franz nicht sie, sondern sie den Franz kleinfalten und in die Tasche stecken.

Anfangs ließ er sich, damals in Paris, schlechte Ware anhängen. Bekam er hierfür ärgerliche Worte daheim, so verteidigte er sich gar nicht, die Ware einigermaßen, die Markt-

frauen aber mit Eifer und Argumenten. Sollten diese guten Frauen den Schaden haben, wenn das Kraut schon welk oder die Kartoffeln erfroren wären? Trugen sie Schuld an der Zurückgebliebenheit des Wachstums, die eine launenhafte Natur über den Blumenkohl verhängt hatte? Verursacht es nicht genausoviel Mühe, angefaulte Früchte aus dem Garten in der entlegenen Vorstadt auf den Markt zu schaffen wie gesunde? Und sagt nicht übrigens Kant, es wäre nichts in der Welt, das ohne Einschränkung für gut gehalten werden könnte? Darauf meinte die Frau: «Du bist ein Esel», und Franz senkte das Haupt wie ein solcher, voll brüderlichen Gefühls für das Tier, dem er verglichen worden war.

Die Marktleute schenkten dem würdigen Herrn mit dem Netz keinerlei Beachtung, trotz seiner schönen handgestickten Weste, einem Überbleibsel aus besserer Zeit, und trotz der bedeutenden Form seines Schädels. Freilich, sie wußten nichts von den schweren Denkproblemen, die dieses Schädels tägliches Brot gewesen, als ihm das tägliche Brot noch nicht zu einem schweren Denkproblem geworden war. Und keiner zeigte sich neugierig, mehr von dem Mann, der so vieles wußte, zu wissen, als Art und Quantum der Ware, die er einzukaufen wünschte. Stand er in der langen Reihe, in der die Pariser «en faisant leurs provisions», mit Geduld warteten, bis sie zum Verkaufstisch vor kamen, so geschah es wohl, daß der Vordermann oder die Hinterfrau an ihn, den Geduldigsten der Geduldigsten, das Wort richtete; aber nicht um zu fragen: «Wie kommst du, Sokra-

tes, unter die Weiber des Marktes?» oder um zu fragen: «Greis mit der Silberglatze, was ist der Sinn des Lebens?», sondern es ging dann etwa um die Sprünge nach oben, die der Preis des Kohls machte, oder es war ein Seufzer über schwere Zeiten und kalte Füße. Franz, der Philosoph, seufzte nicht. Auch für die schweren Zeiten und kalten Füße und sonstige Mühsal und Unbill des Lebens hatte er ein Lächeln, wie es der Kinderfreund hat für die üblen Streiche der Knaben. Die hinter ihm in der Reihe standen, waren unversehens (er konnte nicht sagen, wie es geschah) vor ihm. Ihm gefiel auch das; der Tüchtige schafft sich Bahn, dachte er. Das ätherische Öl der Gemüse und Blumen duftete fein und scharf wie Frühlings-Essenz, höchst drollig sah das nach Sippen geordnete Volk der Käse aus, Kugeln, Kugel-Segmente, Würfel, eine Modellsammlung für den stereometrischen Unterricht. Und wie konnten Franzens Geist und ästhetisches Gefühl ungerührt bleiben von den Eiern in ihrer himmlisch einförmigen Eiförmigkeit?

Die Wendung, die ihn auf einem anderen Tätigkeitsfeld seinen Mann stehen ließ, brachte der Winter. Des Kohlenhändlers Leute waren in den Krieg gezogen, und wenn die Familie Hessel ihre Stube lau haben wollte, mußte sie sich die Kohle selber in den fünften Stock schaffen. Eben das also besorgte Franz. Und weil die Nachbarsfrau schon steinalt war und gar niemanden, nicht einmal einen emigrierten Philosophen hatte, der ihr Kohlen bringen mochte, holte Franz auch für ihr Öfchen das Futter. Mehr als einen Sack auf einmal konnte er nicht tragen; so mußte er öfters die fünf Etagen hinuntergehen und hinaufkeuchen, bis das Werk getan war. Aber Kohlen tragen, behauptete Franz, ist gut gegen Rheuma, schärft den Gleichgewichtssinn und lenkt, da alle Aufmerksamkeit in den Muskeln versammelt ist, den Geist von müßigen Spekulationen ab. Und Kohlen, sagte er, die man auf dem Buckel schleppt, machen fast so schön warm wie Kohlen im Ofen. Überdies hatte er zur leichteren Bewältigung der fünf Treppen sich einen feinen Kniff ausgedacht, nämlich das rhythmische Gehen im Takt eines bestimmten Versmaßes. Meist verwendete er hiezu, als Liebhaber der Antike, den sechsfüßigen Jambus des Archilochos, an gewissen Tagen jedoch kam er mit dem vierfüßigen Trochäus von Wilhelm Busch besser hoch.

Seit er aber Kohlen trug, schenkten ihm Markt und Straße, die ihm, da er noch mit Rosemarien ging, keine Beachtung schenkten, Beachtung. Freundlich winkten ihm die Gemüsefrauen zu, der Käsemann grüßte, die Bekanntschaften vom Schlangen-Stehen guckten sich nach ihm um, und der Bäcker fragte gemütlich-doppelsinnig: «Comment vous portez-vous?» Als ob die Leute witterten, das sei kein Lastträger, wie er im Buch der elenden sozialen Ordnung, sondern eher einer, wie er im Märchen steht. Als ob nicht der Mann den Kohlensack, sondern der Kohlensack den Mann trüge, ihn so hebend über gemeine Ebene. Franz erzählte nicht ohne Stolz von seinem neuen Erfolg in der Öffentlichkeit. «Die Leute merken eben», sagte er, «wie geschickt ich den Sack aufgeladen habe, so daß er, zumindest bei der horizontalen Fortbewegung, die Bewegung fördert

wie Wind im Rücken.» Was für ein Träger der Weisheit, was für ein Weiser der Lastträgerei!

Sieben Jahre nun schon deckt ihn französische Erde, die er so innig geliebt und die ihm seine Liebe so schmählich vergolten hat. Im Herbst 1940 steckten die Vichy-Kanaillen den alten kränklichen Mann in eines ihrer infamen Lager. Entbehrung, körperliche und seelische Not hatten da nicht mehr viel zu tun, ihn fertigzumachen.

Er war eine reine Seele und schrieb ein reines Deutsch. Unter seinem Blick und Wort wandelte sich die Finsternis rundum zu einer Nacht aus tausendundeiner, schrumpfte diese Welt voll Teufeln zu einem Spielwerk zusammen, dessen Mechanismus zu betrachten die Qual, in ihm eingeschaltet zu sein, lohnt.

Erich Kästner

Eine Mutfrage

Wer wagt es,
sich den donnernden Zügen entgegenzustellen?
Die kleinen Blumen
zwischen den Eisenbahnschwellen!

Für Stammbuch und Stammtisch

Freunde, nur Mut!
Lächelt und sprecht:
«Die Menschen sind gut,
bloß die Leute sind schlecht.»

Konstantin Wecker

Genug ist nicht genug

Daß der Himmel heut so hoch steht,
kann doch wirklich kein Versehen sein.
Und es ist bestimmt kein Zufall,
daß die Lichter sich vom Dunst befrein.

Ich sitz regungslos am Fenster,
ein paar Marktfraun fangen sich ein Lächeln ein.
Irgendwo da draußen pulst es,
und ich hab es satt, ein Abziehbild zu sein.

Nichts wie runter auf die Straße,
und dann renn ich jungen Hunden hinterher.
An den Häusern klebt der Sommer,
und die U-Bahnschächte atmen schwer.

Dieser Stadt schwillt schon der Bauch,
und ich bin zum großen Knall bereit.
Auf den Häusern hockt ein satter Gott
und predigt von Genügsamkeit:

Genug ist nicht genug,
ich laß mich nicht belügen.
Schon Schweigen ist Betrug,
genug kann nie genügen.

Viel zu lange rumgesessen,
überm Boden dampft bereits das Licht.
Jetzt muß endlich was passieren,
weil sonst irgendwas in mir zerbricht.

Dieser Kitzel auf der Zunge,
selbst das Abflußwasser schmeckt nach Wein.
Jetzt noch mal den Mund geleckt,
und dann tauch ich ins Gewühl hinein.

Komm, wir brechen morgen aus,
und dann stellen wir uns gegen den Wind.
Nur die Götter gehn zu Grunde,
wenn wir endlich gottlos sind.

Auf den ersten Rängen preist man
dienstbeflissen und wie immer die Moral.
Doch mein Ego ist mir heilig,
und ihr Wohlergehen ist mir sehr egal.

Genug ist nicht genug,
ich laß mich nicht belügen.
Schon Schweigen ist Betrug,
genug kann nie genügen.

Joseph Jacobs

Der Trödler von Swaffham

In alten Zeiten, als die Londoner Brücke noch von einem zum anderen Ende mit Läden gesäumt war, und Lachse unter ihren Pfeilern durchschwammen, da lebte in Swaffham in Norfolk ein armer Trödler. Er hatte viel Mühe, seinen Lebensunterhalt zu verdienen; er schleppte sich herum mit seinem Packen auf dem Rücken und seinem Hund immer an den Fersen. Nach der täglichen Arbeit war er nur zu froh, wenn er sich hinsetzen und schlafen konnte. Nun trug es sich zu, daß er eines Nachts einen Traum hatte, und in diesem Traum sah er die große Brücke der Stadt London. Er vernahm eine Stimme, die sagte, er werde eine freudige Nachricht hören, wenn er dorthin ginge. Er maß dem Traum wenig Bedeutung bei, aber in der folgenden und dann in der dritten Nacht wiederholte sich der Traum.

Da sagte er zu sich selber: «Ich muß unbedingt wissen, wie das ausgeht.» Und so machte er sich auf in die Stadt London. Lang war der Weg, und richtig froh war der Mann, als er auf der großen Brücke stand, die prächtigen Häuser rechts und links und immer wieder etwas von dem strömenden Fluß und den vorübersegelnden Schiffen sah. Den ganzen Tag lang ging er auf und ab, aber er erfuhr nichts, was ihm Mut machte.

Und am nächsten Morgen stand er wieder und starrte – er schritt von neuem die Londoner Brücke auf und ab, doch er sah nichts und hörte nichts.

Nun war der dritte Tag gekommen, und noch immer stand er da und starrte. Da sprach ihn ein Mann an, der ganz in der Nähe seinen Laden hatte: «Mein Freund», sagte er, «ich wundere mich sehr über dein unnützes Herumstehen. Hast du gar keine Waren zu verkaufen?»

«Nein, wirklich nicht», sprach der Trödler.

«Und du bettelst auch nicht um Almosen?»

«So lange, wie ich mich selbst erhalten kann, nicht.»

«Aber ich bitte dich, was willst du dann hier, und was mag dein Vorhaben sein?»

«Nun, lieber Herr, um die Wahrheit zu sagen, ich habe geträumt, daß ich gute Nachrichten hören würde, wenn ich hierher käme.»

Da lachte der Ladeninhaber so recht von Herzen. «Nein, was mußt du für ein Narr sein, wegen solch eines dummen Auftrags eine Reise zu unternehmen. Ich will dir erzählen, du dummer Bauernkerl, daß ich selber nachts auch träume; und in der letzten Nacht träumte mir, ich wäre in Swaffham, einem mir völlig unbekannten Ort, wohl in Norfolk gelegen, wenn ich nicht irre; und mir schien, ich sei in einem Obstgarten hinter dem Haus eines Trödlers, und in diesem Garten stände eine mächtige Eiche. Dann schien es mir, ich sollte unter diesem Baum, wenn ich grübe, einen großen Schatz finden. Aber denkst du, daß ich solch ein Narr bin, eine lange und beschwerliche Reise auf mich zu nehmen – nur wegen einem albernen Traum? Nein, mein Bester, laß dir gut raten von einem Mann, der gescheiter ist als du. Geh nach Haus und bleib bei deiner Arbeit.»

Als der Trödler dies hörte, sagte er kein Wort, war aber insgeheim über die Maßen froh; schnell kehrte er nach Hause zurück, grub unter dem großen Eichbaum und fand einen riesigen Schatz. Er wurde ungeheuer reich, doch vergaß er bei allem Stolz auf seine Reichtümer nicht seine Pflicht. Er baute die Kirche in Swaffham wieder auf, und als er starb, errichtete man dort ein Standbild von ihm, mit seinem Bündel auf dem Rücken und seinem Hund an seinen Fersen. Und dort steht es heute noch, zum Beweis, daß ich nicht lüge.

Otto Heinrich Kühner

Ein Lächeln zum Weiterreichen

Pummerer, in morgendlich heiterer Ruh,
Lächelte seinem Nachbarn Mommer zu.
Dieser, durch das Lächeln ebenfalls heiter,
Gab es an den Straßenbahnfahrer weiter,
Der an die kleine Verkäuferin und die
An Herrn Degenhardt von der Drogerie,
Dieser an Schwester Elke vom Kinderhort,
Diese an die Toilettenfrau – und so fort.
So kam es schließlich irgendwann
Spätnachmittags am Schillerplatz an
Bei einem im Augenblick traurig-tristen,
Durch das Lächeln doch erheiterten Polizisten,
So daß der, als Pummerer den Verkehr blockierte,
Den Verstoß nur mit einem Lächeln quittierte.

Otto Heinrich Kühner

Erwiesene Wirkkraft eines Glücksbringers

Pummerer las, ein Ringer aus Limburg a. d. Lahn
Trug beim Kampf um den Hals einen Talisman;
Der Gegner, aus Schifferstadt i. d. Pfalz,
Tat's, so hieß es, ebenfalls.
Pummerer gibt viel auf solche Kleinigkeiten
Und ist überzeugt, daß es einem der beiden,
Dem Sieger (der Ringer aus Schifferstadt)
Tatsächlich geholfen hat.

Gottfried Strohschneider

Der Pirol

Der Freitag spielte im Leben von Fridolin schon immer eine große Rolle. Nicht, daß er abergläubisch war wie sein Großvater mütterlicherseits, der einst ein bekannter Flußschiffer gewesen war und die Tücken der Donau von Passau bis Breila und die Elbe und den Rhein gekannt hatte und der an einem Freitag nie eine neue Arbeit begann. Für Fridolin dagegen war Freitag der Tag, an dem bisher alles geschehen war, was Historiker als reif und würdig für die Annalen eines Lebens bezeichnen.

An einem Freitag war Fridolin zur Welt gekommen. Hatte ihn seine Mutter zur Anmeldung in die Schule gebracht, nachdem er von ihr nach längerem Suchen in einem Kanalrohr verschlammt und zerzaust gefunden worden war. Betrat er zum erstenmal das giftgrüne Gebäude des Gymnasiums, machte er sein Abitur. Wurde er Soldat, floh er aus der Gefangenschaft. Erfuhr er von seiner Zulassung zum Studium, empfing er in einem langen, schmalen überheizten Raum seinen Doktorbrief. Und selbst wenn es um Zufälle ging, geschahen sie an einem Freitag.

An einem Freitag war es also, da Fridolin um sechzehn Uhr, in der Stunde, die sich der Chef immer für wichtige Entscheidungen und Handlungen vorbehielt und für die er sich stets vorher durch einen kurzen Tiefschlaf in seinem Privatkabinett oder auch durch den Besuch eines Fitnesszentrums stärkte, in ein besonderes Geschäftsgeheimnis eingeweiht wurde.

Mit gepreßter, von Erregung fast brüchiger Stimme kam ein Satz über die Lippen des Chefs, auf den Fridolin trotz seiner reichen Erfahrungen mit außergewöhnlichen Haltungen und Bekenntnissen nicht gefaßt war. «Auri sacra fames» und noch einmal «Auri sacra fames» klang es da an sein Ohr. Und beim zweitenmal sprach Fridolin diese Worte für sich mit. Er alarmierte dabei behende noch alle intakten Stellen seiner Lateinkenntnisse, um sich diesen Text zu übersetzen oder um wenigstens hinter seinen Sinn zu kommen. Latein war es, das stellte er natürlich sofort fest, und daß es von Vergil sein könnte, nahm er mit ziemlicher Sicherheit an. Aber mehr, als daß es mit Gold zusammenhängen mußte, brachte er nicht heraus. Der Chef wiederholte dann noch einmal den Ausspruch. Und weil er wohl Fridolin ansah, wie weit er es mit seinem Lateinwissen hatte kommen lassen, übersetzte er mit einem Anflug von Verachtung, die sowohl als eine Unterstreichung des Zitats als auch auf Fridolin gemünzt aufgefaßt werden konnte: «Oh, fluchwürdiger Hunger nach Gold», und ergänzend dazu: «Aeneis, mein Lieber, 3,57.» «Ja, ja, natürlich, Vergil, Aeneis», antwortete ihm nun Fridolin sehr sicher, sehr lässig, um nicht ganz die einst aufwendigen Investitionen in seine klassische Bildung als vergeblich erscheinen zu lassen.

Aber warum dieser Rückgriff auf Vergil, diese Verfluchung von Wohlstand und edlen Metallen, wo sie doch beide, wenn auch auf unterschiedliche Weisen, sich täglich darum bemühten, Glanz und Sonne in das Leben der Menschen zu bringen. Mühten sie sich denn nicht ab, immer wieder neue, noch bessere Ideen dafür zu finden? Setzten sie nicht manchmal sogar ihre Gesundheit, ihren Charakter aufs Spiel, erprobten sie nicht oft zuerst an sich selbst, wie Wünsche und Leidenschaften Menschen aufwühlen könnten und wie dann die Lösungen dafür auszusehen hatten?

Fridolin konnte nicht ahnen, daß es reine Angst, Mitleid mit sich selbst und tragisches Versagen waren, die dem Chef die Worte Vergils eingegeben hatten. Und als er nun erfuhr, an welch grausamen Abgrund die Firma geraten war, begriff er, warum es den Chef so gepackt hatte.

Der vertrauliche Spezialdienst der Firma, ein Service mit

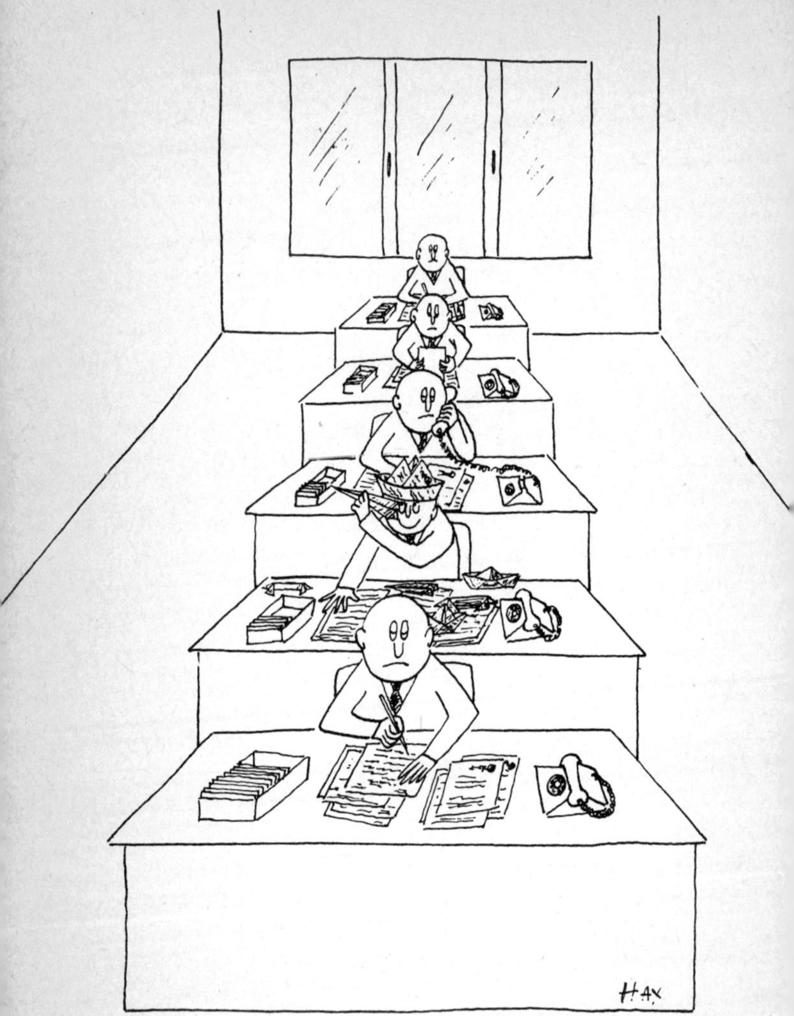

Geschenkideen für alle nur möglichen Lebenslagen wie Geburten, Hochzeiten, Scheidungen, Verzeihungen, Bestechungen, Absagen, für die absolute Verschwiegenheit garantiert wurde, und der, persönlich vom Chef betreut, nur einem ausgewählten Kreis von Kunden zur Verfügung stand, war plötzlich in eine gefährliche Krise geraten. Was war geschehen?

Eine hochgestellte Persönlichkeit aus einer Landeshauptstadt, die auch Bischofssitz und Domizil eines alten Adelsgeschlechts war, hatte für den etwas delikaten Gedenktag einer Dame ihr erneutes Wohlwollen bekunden wollen und um eine noble Geschenkidee gebeten. Der Name und der Ruf dieses Mannes machten es selbstverständlich, daß er allerbeste Leistungen erwarten konnte und daß keine Mühen gescheut würden. Leider unterlief dabei aber dem Chef ein Mißgeschick. Menschlich wohl erklärlich, aber zu verzeihen war es trotzdem nicht. Es war nur eine Kleinigkeit, die es verursachte. Doch wie oft sind gerade sie es, die viel durcheinanderbringen können.

Zunächst war alles glattgelaufen. Eine zwanzigseitige Liste mit Geschenkideen, die umfangreichste, die es bisher gab, aufgeschlüsselt nach Gegenständen, Kosten und Schwierigkeitsgraden der Beschaffung, wurde zusammengestellt und vorgelegt. Da von der betreffenden Dame bereits eine Karteikarte vorhanden war, die über sie alle notwendigen Angaben, selbst die für «Außergewöhnliche Neigungen» enthielt, konnte mit großer Wahrscheinlichkeit eine positive Reaktion des Auftraggebers erwartet werden.

Seine Wahl war auf eine Spieldose gefallen. Ein wirklich einmaliges und kostbares Stück. Ein viereckiges Kästchen, mit Turmalinen besetzt und auf seinem Deckel eine silberne Nachtigall, fein ziseliert und den zierlichen Schnabel in die Höhe gereckt. Wenn man die Dose aufzog, klang ein Lied auf, ähnlich wie Nachtigallen es in buschigen Wäldern in vielen Strophen und schwellenden Tönen singen.

Jene Dame liebte Vögel, ihre Karteikarte wies auch besonders darauf hin, und ihr Gönner war über diesen Geschenkvorschlag sehr erfreut. Die weiteren Schritte, die noch notwendig waren, ließen sich alle prompt erledigen. Schon wenige Tage später wurde die Rechnung beglichen und nochmals der Zufriedenheit über die prompte Bedienung Ausdruck gegeben. Dem Chef tat es wohl, und sein Himmel hing voller Geigen bis zu jener unglückseligen Mittagsstunde, da aus ihrem heiteren Himmel ein Blitz krachend herniederfuhr und alles zersplitterte.

Am gleichen Vormittag nämlich, an dem von einem Boten die Spieldose zusammen mit einem farbenfrohen Blumenstrauß überbracht wurde, war ihr Lieblingspirol unerwartet gestorben. Sie hatte ihn in überschwenglicher Hingabe geliebt. Und der Schmerz und die Pein über diesen Tod verwandelten ihre Liebe in bitteren Haß. Niemals mehr sollte es in ihrem Leben wieder einen Vogel geben. Und je mehr Zorn und Ungerechtigkeit sie dabei empfand, um so unerbittlicher wurde ihr dieser Entschluß. Und die kleine, unschuldige Nachtigall, die ihr jetzt hätte Trost und Ablenkung sein können, kam ihr gerade recht. Kalt und als ob sie sich vor ihr ekelte, hielt sie die Spieldose mit weit ausgestrecktem Arm in der rechten Hand. Ihre Blicke streiften sie voller Haß, und sie sah nicht die Schönheit der Turmaline und auch nicht den kleinen silbernen Schlüssel, mit dem ihr Lied hätte aufklingen können. Angewidert und wie unnützen Kram warf sie die Spieldose zu den Blumen, die unbeachtet auf der Marmorplatte eines niedrigen Tischchens lagen. Ihr Aufprall war hart. Für einen kurzen Augenblick klang dabei die Melodie auf, und es war wie ein Schrei.

Da elementarer und unberechenbarer Zorn keine Grenzen kennt, hatte dieses Mißgeschick Folgen, die flammengleich alles erfaßten, was ihre Gier zu verschlingen vermochte. Nächste Familienangehörige der Dame, Freunde und Bekannte wurden Opfer von Beleidigungen, unausstehlichen Launen oder eisiger Verachtung. Am härtesten traf es aber jenen Herrn, von dem das Geschenk gekommen war. In einer knappen Unterredung am Telefon verbat sie sich jegliche weiteren Schritte von ihm und erklärte ihre Beziehungen als ab sofort erledigt. Ja, sie ging noch weiter. Sie stellte auch in für ihn wichtigen Gremien ihre positive Einflußnahme ein und zog Gelder zurück, die sie dafür bereitgestellt hatte.

So korrekt der Chef auch gehandelt hatte, die Schuld für diese schwierige Lage, in die der Auftraggeber nun geriet, wurde ihm doch zugeschoben. Leider sickerten auch Einzelheiten über diesen Fall, verzerrt und aufgebauscht, in Kreise durch, denen die Mitwisserschaft nicht nur zur reinsten Schadenfreude wurde, sondern die auch noch andere unangenehme Konsequenzen befürchten ließen.

Fridolin erkannte, daß rasch und energisch gehandelt werden mußte. Er bat sich eine Bedenkzeit bis zum nächsten Morgen aus, um nach einem Weg aus dieser Krise zu suchen. Der Vorschlag, den er dann am frühen Vormittag des nächsten Tages unterbreitete, war zwar ein Wagnis, und er betonte das auch ausdrücklich, aber da keine Zeit zu verlieren war, weil jede weitere Verzögerung neue Komplikationen heraufbeschwören konnte, willigte der Chef ein. Fernschreiben und Telefonate gingen in alle Himmelsrichtungen hinaus.

Es galt das Bild eines Pirols zu finden. Wenn möglich, von Meisterhand in Farbe gestochen und edel gerahmt. Fridolin wollte es der Dame mit dem Eingeständnis überbringen, daß er der Unglückselige sei, der die Idee mit der Spieldose gehabt hätte. Achtundvierzig Stunden später traf ein Bild ein, ein wunderbarer Stich, der Fridolin geeignet schien, sein Glück mit ihm zu versuchen. Und, auch wenn der Vergleich hinkte, er mußte an Canossa denken, an Heinrich und an den Sack und die Asche. Auch Nelsons Tagesbefehl «that every man will do his duty» kam ihm in den Sinn. Er machte sich also auf den Weg. Und wieder erlebte er, was er schon an sich kannte, wenn er etwas Besonderes wagte. Wie auf einem Seil, unter dem Abgründe gähnten, schritt er dahin. Doch er hatte weder Angst noch Zweifel, und er fühlte sich so leicht und beschwingt, als ob man ihm Ambrosia zu kosten gegeben hätte.

Wie es ihm gelungen war, die Dame zu besänftigen, ihren Edelmut wieder aus den Fesseln des Zorns und der Rache zu befreien, ihr Herz und ihre Seele so zu bewegen, daß sie den Pirol auf dem Bilde wie eine Reinkarnation des dahingegangenen empfand, darüber gab Fridolin nur spärlich Auskunft. Auf alle drängenden, sachlichen wie neugierigen Fragen des Chefs deutete er nur an, daß viel Glück dabei im Spiel gewesen sei, denn die Dame habe es ihm nicht leichtgemacht. Beinahe hätte es auch noch eine größere Katastrophe gegeben, und der Durchbruch sei ihm erst im letzten Augenblick gelungen.

Fridolin nahm es gelassen hin, daß sein Chef seit diesem Erfolg mit ihm umging, als ob ein unsichtbarer Heiligenschein über ihm schwebte. Und auch seine Berufung in die Leitung des Geschenkdienstes machte ihm nicht viel aus. In der Ehre und Auszeichnung, die ihm der Chef damit zu erweisen geglaubt hatte, sah er mit Recht nichts anderes als noch mehr Arbeit und eine gewisse Gefährdung seiner schöpferischen Anlagen. Aber er setzte sich trotzdem voll ein. Er führte in der Bearbeitung der Kartei neue Methoden ein, verfeinerte das Netz und den Fluß der Informationen und bereicherte den Dienst mit neuen Geschenkideen, die sich besonders für das Ausbügeln von Mißgeschicken eigneten.

Klaus Kordon

Das größere Problem

Es ist kein Malheur
Einen Kopf zu haben
Und keinen Hut
Schlimmer ist es
Einen Hut zu haben
Und keinen Kopf

Wie es dir gefällt

An sonnigen Tagen
Im Büro
Fragst du dich
Wieso?

An regnerischen
Bist du froh

Klaus Kordon

Teilhaber

Zusammenscheißenlassen
Ist im Gehalt mit inbegriffen
Sagte der Chef zum Angestellten
Und reagierte sich
Für den von ihm erkannten Differenzbetrag
Zwischen Gehalt und Leistung
An dem Angestellten ab

Wer sich in der Arbeitszeit ärgert
Ärgert sich nicht umsonst
Dachte der Angestellte und
Hielt dankbar still

So zogen sie beide
Ihren Vorteil
Aus einer verfahrenen
Situation

Jacques Prévert

Die verlorene Zeit

Vor dem Tor zur Fabrik
hält der Arbeiter plötzlich an
das schöne Wetter hat ihn am Rock gezupft
und als er sich umwendet
und die Sonne betrachtet
die rot leuchtet und blendet
lächelnd im bleigrauen Himmel
zwinkert er ihr vertraulich zu
sag Kamerad Sonne
meinst nicht auch du
man sollte sich verdammt bedenken
einen solchen Tag
dem Chef zu schenken?

Hans Kruppa

Kleine Morgengymnastik

Ich stehe mit dem
richtigen Fuß auf,
öffne das
Fenster der Seele,
verbeuge mich vor allem,
was liebt,
wende mein Gesicht
der Sonne entgegen,
springe ein paarmal
über meinen Schatten
und lache mich gesund.

Nieder mit der Schwerkraft –
es lebe der Leichtsinn!
(unbekannter Sprayer)

Hugo Wiener

Die Bruderschaft zur Verbesserung aller Zustände

«Es muß endlich etwas geschehen», sagte sich eine Gruppe von jungen Leuten, die noch voller Ideale waren. Sie setzten sich in einer staubigen Bude zusammen und berieten, welche Aktivitäten sie für die Verbesserung der Zustände setzen könnten. Einer meinte, man müsse etwas für die bedrohte Umwelt tun, ein anderer war dagegen. Er meinte, es werde soviel von der Sorge um alte und einsame Menschen gesprochen, das wäre doch etwas.

«Unsinn», sagte ein dritter, «die sind selber schuld daran. Der Hunger und die Überbevölkerung in der dritten Welt – das sind Probleme.»

«Was willst du dagegen tun?» fragte ein vierter. «Was nützt es, wenn wir den Hunger stillen, wenn überall auf der Welt ein Atomkrieg droht? Wir müssen für den Frieden kämpfen, das ist das Gebot der Stunde.»

Der Friede brachte den ersten Streit, weil die meisten der Meinung waren, daß das die Aufgabe der Politiker sei. Da zogen die erbosten Friedenskämpfer aus, und das brachte wieder Frieden in die Gruppe. Nach heftiger Diskussion einigte man sich und faßte den Beschluß, sich in einem Monat wieder zu treffen. Und noch etwas: Jeder möge ein paar gleichgesinnte Freunde mitbringen, um die Bewegung vom Anfang an auf eine breitere Basis zu stellen.

Zum nächsten Treffen kamen bereits doppelt so viele wie zum ersten. Jeder hatte ein paar Gleichgesinnte mitgebracht. Die staubige Bude war fast zu klein. Mehr Leute, mehr Meinungen, mehr Differenzen. Irgendeiner hatte eine ausrangierte Schreibmaschine mit, so daß man bereits ein Protokoll der Sitzung schreiben konnte. Eine konkrete Einigung über die Aktivität, die es zu setzen galt, wurde nicht getroffen, Einigung gab es nur in *einem* Punkt: Jeder möge ein paar Freunde werben – nächste Sitzung im nächsten Monat.

Zu dieser Sitzung kamen bereits so viele Interessierte, daß die staubige Bude sie nicht mehr fassen konnte. Einige mußten sich auf dem Gang placieren, Protest der Nachbarn, mehr Leute, mehr Meinungen, mehr Differenzen. Diesmal wurden sie so laut ausgetragen, daß man jemand brauchte, der zur Ordnung rufen konnte. Man wählte einen Präsidenten, der wieder einen Vizepräsidenten sowie einen Schriftführer. Dann stellte man eine Tagesordnung auf. Punkt eins: Größeres Lokal. So etwas kostet Geld. Punkt zwei: Woher nehmen? Durch Spenden, durch Mitgliedsbeiträge oder von bereits etablierten Hilfsorganisationen. Die Sitzung zog sich hin – es wurde Mitternacht. Die Nachbarn drohten mit der Polizei. Die Sitzung wurde abgebrochen, einige protestierten, der Präsident wurde seines Amtes enthoben, ein neuer gewählt. Nun kam eines nach dem andern: die Einigkeit, das Zusammengehörigkeitsgefühl und die Funkstreife. Der Vater des neuen Präsidenten besitzt ein Warenhaus, er wird ihnen für die nächste Zusammenkunft einen Lagerraum zur Verfügung stellen. Nächste Sitzung: nächsten Monat, Gleichgesinnte erwünscht. Zu dieser Sitzung kamen wieder mehr Leute, aber der Raum reichte. Jemand hatte einen Kopierapparat mitgebracht, also beschloß man, Flugzettel anzufertigen. Dann ging der Streit um die Aktivität, die man setzen wollte, weiter. Einer stand auf und bemerkte gar nicht so unrichtig, daß die Gruppe zuallererst einen Namen haben müsse. Nun stritt man um einen möglichst klangvollen Namen. Das dauerte bis sieben Uhr früh, dann wurden sie von den Lagerarbeitern vertrieben, wobei sich herausstellte, daß der Vater des Präsidenten nicht der Besitzer des Warenhauses war, sondern bloß der Nachtwächter. Papierabfälle und leere Büchsen lagen zu

Jules Feiffer

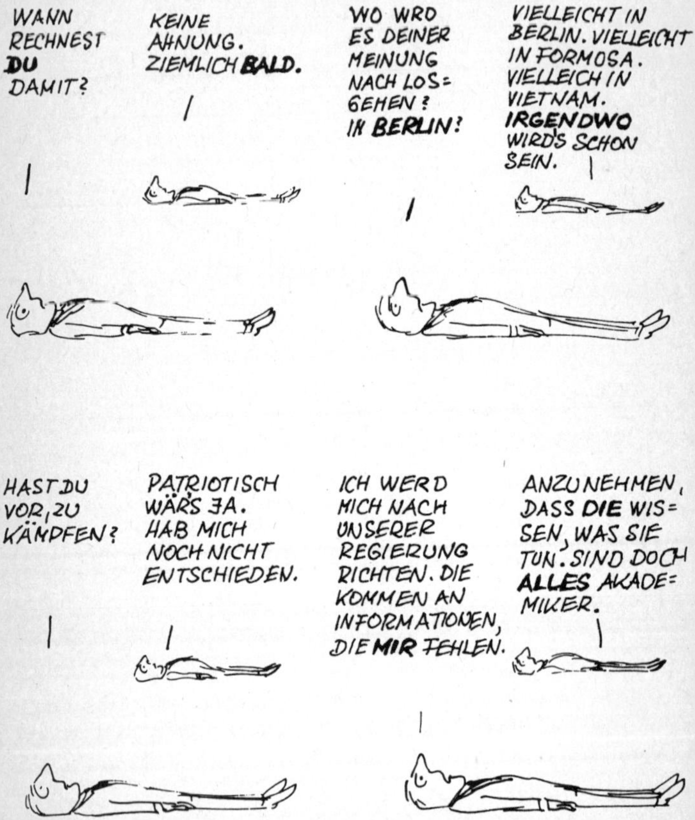

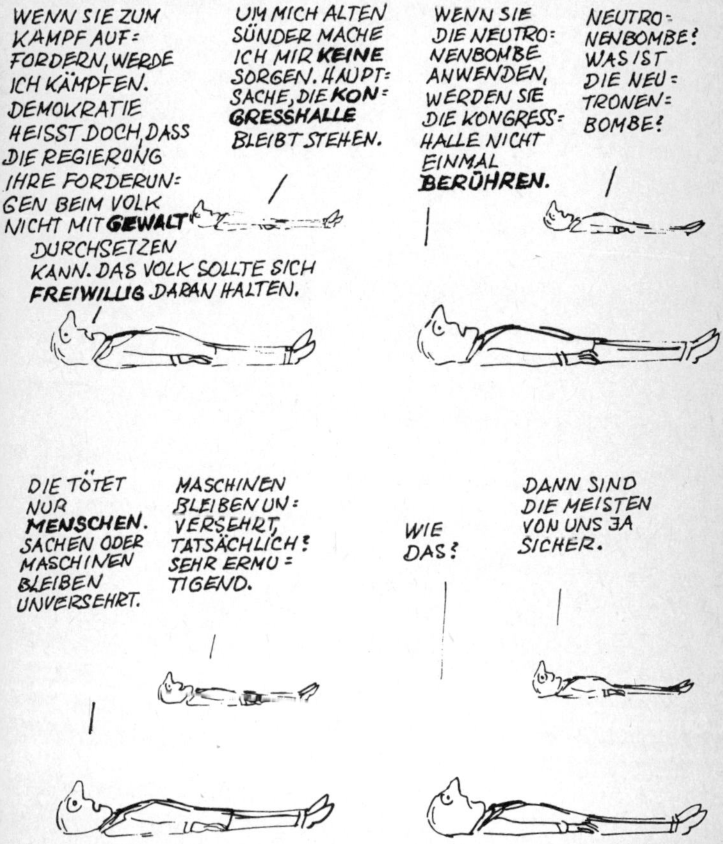
WENN SIE ZUM KAMPF AUFFORDERN, WERDE ICH KÄMPFEN. DEMOKRATIE HEISST DOCH, DASS DIE REGIERUNG IHRE FORDERUNGEN BEIM VOLK NICHT MIT **GEWALT** DURCHSETZEN KANN. DAS VOLK SOLLTE SICH **FREIWILLIG** DARAN HALTEN.
UM MICH ALTEN SÜNDER MACHE ICH MIR **KEINE** SORGEN. HAUPTSACHE, DIE **KONGRESSHALLE** BLEIBT STEHEN.
WENN SIE DIE NEUTRONENBOMBE ANWENDEN, WERDEN SIE DIE KONGRESSHALLE NICHT EINMAL **BERÜHREN.**
NEUTRONENBOMBE? WAS IST DIE NEUTRONENBOMBE?
DIE TÖTET NUR **MENSCHEN.** SACHEN ODER MASCHINEN BLEIBEN UNVERSEHRT.
MASCHINEN BLEIBEN UNVERSEHRT, TATSÄCHLICH? SEHR ERMUTIGEND.
WIE DAS?
DANN SIND DIE MEISTEN VON UNS JA SICHER.

Haufen herum, das Rauchverbot war nicht eingehalten worden, die Funkstreife wurde wieder gerufen – den Lagerraum hatten sie verloren.

Mit der Verbesserung der Zustände schien es aus zu sein, da fand einer der Verbesserer eine leerstehende Scheune. Sie wurde zum Bersten voll. Es gibt scheinbar genug Engagierte auf der Welt. Der Streit um den Namen ging sofort weiter.

«Verband der Menschenfreunde», schlug der eine vor.

«Verband der Weltverbesserer», der andere.

«Bruderschaft zur Verbesserung der Zustände», der dritte.

«‹Bruderschaft› ist gut», meinte der Präsident, «aber ‹zur Verbesserung der Zustände›? *Welcher* Zustände?»

«Aller Zustände!» rief der dritte. Und dabei blieb es.

Nun braucht eine solche Bruderschaft Statuten. Und während sich einige Experten auf den Dachboden zurückzogen, um darüber zu sprechen, entbrannte unten ein Redekampf. Meinungen flogen hin und her, Beleidigungen, Schimpfworte, Fäuste wurden geballt – da ertönte eine Sirene. «Wieder die Funkstreife», empörten sich die Mitglieder der Bruderschaft, aber diesmal war es nicht die Funkstreife, sondern die Feuerwehr. Wieder war das Rauchverbot nicht beachtet worden, und während man unten debattierte, schlugen oben die Flammen aus dem Dach.

Das nächste Treffen fand unter freiem Himmel, auf einem entlegenen Schuttablagerungsplatz, statt. Wieder kamen eine Menge neuer Leute. Man redete und redete, beriet über die Statuten, bis sich nach Stunden einer meldete, der sagte, daß sie allein nie zu einem Ergebnis kommen würden, da gehöre ein Politiker her. Er kenne einen, vielleicht könne der etwas für sie tun. Sollten alle einverstanden sein, würde er mit dem Mann reden. Es waren alle einverstanden. Damit hatte man endlich einen einhelligen Beschluß gefaßt.

Der Politiker roch sofort Lunte. Mit einer solchen Gruppe konnte man sich vielleicht profilieren. Er übernahm augenblicklich die Führung. Zuerst einmal mußte die Sache straff organisiert werden. Ein geräumiges Büro wurde angeschafft. Ein prominenter Jurist lieferte die Statuten. Die Medien wurden eingespannt, Interviews gegeben, Zugänge zu einflußreichen Leuten gesucht, Subventionen erteilt. Wem etwas nicht paßte, der konnte gehen, aber es paßte allen alles.

Bald wurde die «Bruderschaft zur Verbesserung aller Zustände» im ganzen Land bekannt. Spenden flossen herein, namhafte Persönlichkeiten wurden Mitglieder. Nun konnten gezielte Maßnahmen gesetzt werden. Man gründete neue Gruppen in anderen Städten und sorgte für gute Koordination. Das Ansehen der Bruderschaft wuchs von Tag zu Tag.

Man bekam Zugang zu genauem Zahlenmaterial. Man konnte Dinge zur Sprache bringen, über die noch wenig gesprochen worden war. Man konnte Problemkreise in den Mittelpunkt rücken – ja, man konnte sich sogar bei den Hilfsorganisationen der UNO Gehör verschaffen.

Aus dem Bürohaus der Bruderschaft wurde ein Glaspalast, aus dem Palast wurden Paläste, die Sekretärinnen wurden immer attraktiver, die Schreibmaschinen immer topmodelliger.

Die Bruderschaft hatte alles – nur keinen Zweck.

Da setzten sich eines Tages wieder ein paar junge Leute in einer staubigen Bude zusammen und sagten: «Es muß etwas geschehen!»

Aber sie können nicht bestreiten, daß die Sonnenuntergänge durch den reflektierenden Ölfilm viel romantischer geworden sind.

Otto Reutter

In fünfzig Jahren ist alles vorbei

Denk' stets, wenn dir etwas nicht gefällt:
«Es währt nichts ewig auf dieser Welt.»
Der kleinste Ärger, die größte Qual
sind nicht von Dauer, sie enden mal.
Drum sei dein Trost, was immer es sei:
«In fünfzig Jahren ist alles vorbei.»

Und ist alles teuer, dann murre nicht,
und holt man die Steuer, dann knurre nicht.
Mißlingt dir auch alles, dann klage nicht,
und kriegst du den Dalles, verzage nicht –
nur der, der nichts hat, ist glücklich und frei,
und in fünfzig Jahren ist alles vorbei.

Und ist auch ein anderer klüger als du,
dann sei nicht dämlich – und lach' dazu.
Was nützt sein Wissen – stirbt er *vorher*,
bist du am nächsten Tage klüger als der.
Wer da weiß, daß er nichts weiß, weiß vielerlei –
und in fünfzig Jahren ist alles vorbei.

Und geht zu 'nem andern dein Mägdelein,
dann schick' ihr noch's Reisegeld hinterdrein.
Und bist du traurig, denk in der Pein:
«Wie traurig wird bald der andere sein.»
Dem macht sie's wie dir – die bleibt nicht treu,
und in fünfzig Jahren ist alles vorbei.

Und hast du frohen Besuch zu Gast
und freust dich, daß du ein Radio hast,

du holst die Sender der ganzen Welt,
doch keiner bringt das, was euch gefällt, –
dann blast auf dem Kamm die Lorelei,
in fünfzig Jahren ist alles vorbei.

Und stehst du nervös am Telefon
und du stehst und verstehst da nicht einen Ton,
oder bist du beim Zahnarzt – wenn er dich greift
und dich mit dem Zahn durch die Zimmer schleift,
und er zieht und er zieht und bricht alles entzwei –
in fünfzig Jahren ist alles vorbei.

Und platzt dir ein Knopf – am Hemd zumeist –
und hast du ein Schuhband, das stets zerreißt –
und hast 'ne Zigarre du, die nicht zieht,
und hast du ein Streichholz, das gar nicht glüht:
nimm noch 'ne Schachtel, nimm zwei oder drei,
in fünfzig Jahren ist alles vorbei.

Und fälscht man dir Schokolade und Tee,
und verspricht man dir echten Bohnenkaffee,
und du merkst, daß der Kaffee – wie schauderbar! –
eine bohnenlose Gemeinheit war,
dann schließ die Augen und sauf den Brei –
in fünfzig Jahren ist alles vorbei.

Und fährst im Auto nach Haus du spät –
im besten Anzug – da streikt's und steht, –
du suchst im Schweiß deines Angesichts,
was los ist, – kriechst drunter – und findest nichts,
stehst ratlos, verschmiert, die Hose entzwei, –
in fünfzig Jahren ist alles vorbei.

Und sitzt auf der Bahn du ganz eingezwängt,
und wird dir noch 'ne Frau auf den Schoß gedrängt,

und die hat noch 'ne Schachtel auf ihrem Schoß,
und du wirst die beiden Schachteln nicht los,
und die Füße werden dir schwer wie Blei:
in fünfzig Jahren ist alles vorbei.

Und führst 'nen Prozeß du – ertrag die Qual,
und hörst du 'ne Oper, sie endet mal –
und hast du Magenweh und mußt mal raus
und da ist schon jemand, dann harre aus.
Wie lange es auch dauert, der Platz wird frei,
in fünfzig Jahren ist alles vorbei.

Und bist du ein Mädchen von zwanzig Jahr'
und freist einen Mann, der schon fünfzig war,
und der kommt dann gähnend beim Hochzeitsschluß
und braucht 'ne Stunde zu einem Kuß,
dann dulde und denk: 's ist einerlei,
in fünfzig Jahren ist alles vorbei.

Und bist du ein Eh'mann und kommst nach Haus
halb drei in der Nacht – und sie schimpft dich aus,
dann schmeiß dich ins Bette und sag: «Verzeih',
wär' ich zu Haus geblieben, wärs auch bald drei.»
Und kehr' ihr den Rücken und denk: «Nu schrei!
In fünfzig Jahren ist alles vorbei.»

Und stehst du hier oben als Humorist,
obwohl dir zum Heulen zumute ist,
und du merkst, dein Vortrag gefällt nicht recht,
und *du* selber findest die Verse schlecht,
sing' immer weiter die Litanei:
in fünfzig Jahren ist alles vorbei.

Und fürchte dich nie, ist der Tod auch nah,
je mehr du ihn fürchtest, um so eh'r ist er da.

Vorm Tod sich fürchten, hat keinen Zweck.
Man erlebt ihn ja nicht, – wenn er kommt, ist man weg.
Und schließlich kommen wir all' an die Reih',
und in fünfzig Jahren ist alles vorbei.

Drum: hast du noch Wein, dann trink ihn aus,
und hast du ein Mädel, dann bring's nach Haus,
und freu dich hier unten im Erdenlicht.
Wie's *unten ist*, weißt du – wie's *oben*, nicht.
Nur einmal blüht im Jahre der Mai,
und in fünfzig Jahren ist alles vorbei – – –

du Rindvieh, dann ist es vorbei!

Auf die Frage, ob ich pessimistisch oder optimistisch sei, antworte ich, daß mein Erkennen pessimistisch und mein Wollen und Hoffen optimistisch ist.

Albert Schweitzer

Christel Ehlert

Illusionen

Genug zu haben ist Glück
Mehr als genug zu haben ist unheilvoll
Das gilt von allen Dingen
Aber besonders vom Geld

Laotse

Wir waren es leid, von unseren Freunden und Bekannten, die sich schon lange von der Reisewelle in ferne Länder tragen ließen, nicht ganz für voll genommen zu werden. Sie kannten bereits Frankreich, Spanien und Italien und schickten sich an, nach Ceylon und anderen Eilanden am Ende der Welt aufzubrechen. Wir atmeten auf, als wir dann endlich unsere um Jahrzehnte verspätete Hochzeitsreise antreten konnten, sorgten dafür, daß die Blumen unsere Abwesenheit mit Hilfe von Wassergefäßen und Wollfäden überdauerten und fuhren gen Süden.

Der Höhepunkt unserer Reise war die Fahrt durch die Dolomiten. Ich hatte sie immer nur auf Postkarten und Dias bewundert. Jetzt stand dieses Erlebnis vor mir. Und wenn mich die Serpentinen hinauf zum St. Gotthardt schon beeindruckt hatten, die schroffen Abgründe mit den Haarnadelkurven in den zerklüfteten Dolomiten ließen mir das Blut in den Adern erstarren. Das Gefühl, nur auf das Auto angewiesen, ganz der Technik ausgeliefert zu sein, machte mich zittern. Ich konnte die Schönheiten der Bergwelt nicht genießen. Ich sah immer nur sich lösende Räder, platzende Reifen, versagende Bremsen, ich sah sich überschlagende, in den Abgrund stürzende Autos.

Ich fragte Jochen, ob er sich auch wohl fühle. Er versicherte mir, daß er sehr aufpasse, ein immer noch recht gutes Reaktionsvermögen habe, das Auto überholt sei und ich keine Angst zu haben brauchte. So ähnlich wie mir jetzt, sei es ihm bei seinem ersten Flug ergangen. Und dann erzählte er mir, wie er die psychotechnische Prüfung hinter sich gebracht, seine fliegerische Ausrüstung empfangen hatte und schon am nächsten Tag in den vorderen Sitz der offenen Klemm kletterte. Kaum hatte er sich angeschnallt, da heulte der Motor auf, die Maschine jagte über das Rollfeld, die Erschütterungen wurden weniger, hörten ganz auf – sie waren in der Luft.

Herrlich, so über der Erde zu schweben, hatte er gerade noch denken können, da hatte der Flugzeugführer die Maschine angedrückt, daß der Sitz überflüssig schien. Gleich darauf wurde sie hochgerissen, der Motor gedrosselt, die in den Himmel ragende Flugzeugnase kippte durch das Gewicht des Motors über den Schwanz ab, ein kurzer Geradeausflug, dann eine Steilkurve, wieder dieses In-den-Sitz-gepreßt-Werden, dieses Gefühl der Hilflosigkeit, als er an der steil zur Erde stehenden Tragfläche hinuntersah – dann ein Sturzflug, die Erde war plötzlich oben –, das war ein Looping, es folgte eine Rolle – «und du kannst mir glauben», beendete Jochen die Schilderung seines ersten Flugs, «ich war froh, als die ‹Durchschaukelei› ein Ende nahm und ich wieder Boden unter den Füßen hatte.»

Noch viele Nächte danach bin ich durch Tunnel gefahren und habe in Abgründe gesehen. Die Isola del sole, die Sonneninsel Grado, war im Juli für uns Norddeutsche keine Kleinigkeit. Der anfänglich unstillbare Durst strapazierte unsere Reisekasse über Gebühr. Der täglich sich wiederholende Kampf um Liegestühle und den unentbehrlichen Sonnenschirm ermüdete uns. Die ständige Lautsprechermusik am Strand störte, und das Freilichtkino unter dem Fenster unseres Hotelzimmers, von dem im Prospekt nichts gestanden hatte, erhöhte keineswegs unser lädiertes Wohlbefinden.

Nachdem uns Aquileja und Venedig ausgesöhnt hatten,

überquerten wir wieder den Brenner. Es war schon dunkel, als wir in die Nähe von Innsbruck kamen. Ein kühles Getränk und ein Bett waren alles, woran wir noch dachten. So steuerten wir den ersten besten Gasthof an. Das Mauerwerk und die ausgetretenen Stufen der Steintreppe ließen auf ein hohes Alter des Gebäudes schließen.

Wir betraten einen großen Vorraum. Im Hintergrund hantierte eine Frau an einem roten Backsteinherd. Ein alter Mann schüttete eine Kiepe kleingemachtes Holz neben die Feuerstelle. Die Frau hob den Kessel vom Herd. Die Flammen erleuchteten ihr von tiefen Falten bedecktes Gesicht und zauberten Lichtverhältnisse, wie Rembrandt sie liebte.

Der Alte kam diensteifrig auf uns zu, seine Frau folgte, sich die Hände an der Schürze abtrocknend. Wir gingen die Steinstufen einer Wendeltreppe hinauf. Oben angekommen, wies der Mann auf eine gekalkte Tür, die von einem hölzernen Knebel verschlossen war. Es war die Toilette, der man nicht nur ansah, daß eine Wasserspülung außerhalb ihrer Möglichkeiten lag. Dann öffnete er – gewissermaßen als Trost – die Tür zu einer etwas höher gelegenen Kammer. Drei knarrende Holzstufen führten zu diesem Raum, in dessen Mitte ein Tisch stand. Darauf lagen eine aufgeschlagene Bibel und eine Landkarte. In der Ecke dieses fensterlosen Raums stand ein hölzernes Bett. An der Wand hingen ein Gewehr, Pistole und Degen.

«Dieses ist sein letzter Brief!» sagte der Alte und wies auf ein vergilbtes Papier unter einer Glasscheibe. «Er hat ihn an seine Mutter geschrieben, am Abend, bevor er gefangengenommen wurde. Hier war das Hauptquartier von Andreas Hofer. Von hier aus hat er gegen die Franzosen gekämpft!»

«Ja, von hier aus hat er gekämpft!» echote seine Frau.

Nachdem wir gehört und gesehen hatten, in welch historischen Mauern wir uns befanden, schreckte uns die Trokkentoilette nicht mehr, und wir beschlossen, hier zu übernachten.

Als wir in unserem Zimmer das Licht anknipsten, stürzten sich Nachtfalter auf die unter der Decke angebrachte Glühbirne, prallten gegen den Lampenschirm, worauf sich Staubwölkchen auf die weißbezogenen Betten niedersenkten. Als wir die Lampe löschten, schimmerte Licht durch die Ritzen der Bretterwand, die unser Zimmer von einem anderen trennte. Jedes Räuspern seines Bewohners war deutlich zu hören. Dennoch schlief ich bald ein.

Die Sonne stieg bereits über die umliegenden Berge, als ich erwachte. Ich hatte geträumt. Wieder war es einer dieser Träume, die mich auch jetzt noch – Jahrzehnte nach der Flucht – verfolgen. Ich schob das Federbett von mir. Es dauert eine geraume Zeit, bis ich mich von solch einer Nacht befreien kann. Ich trat ans Fenster und atmete die frische Gebirgsluft ein.

«Oh, das kriegen wir schon hin!»…

«Immer diese furchtbaren Träume! Warum kann ich nie etwas Schönes träumen?»

«Nächtliche Träume kann man sich nicht aussuchen!» sagte Jochen. «Tagträume, die sind lenkbar. Denke an dein Buch. Laß uns davon träumen. Laß uns träumen vom großen Erfolg!»

Die von der Sonne beschienenen Tiroler Alpen, der Frühstückstisch mit Butter, Marmelade, Honig und dem hausgebackenen Brot und dem herrlich duftenden Bohnenkaffee versetzten uns in Hochstimmung und beflügelten unsere Phantasie. Wir kassierten im Geist bereits bedeutende Tantiemen und machten uns ernsthaft Gedanken, wie wir das zu erwartende Geld wohl richtig anlegen könnten. Wo war es wohl sicherer als in dem klassischen Land der Banken – der Schweiz. Die Großen haben seit jeher ihr Geld in dieses neutrale Land geschafft. Dort hat es Kriege und Inflationen überdauert. Und so lenkten wir unseren Volkswagen nach Zürich.

Schon immer hatte ich mir gewünscht, zu den Glücklichen zu gehören, die nicht mehr vom Gelde zu reden brauchen, weil sie genug davon haben. Und ich glaube auch nicht, daß das Streben nach materiellem Besitz etwas Verwerfliches ist, etwas, das die Seele des Menschen zerstören und ihm das Himmelreich verschließen muß. Und da ich erfahren habe, wie hilflos Armut macht, scheue ich mich auch nicht, zu bekennen, daß ich viele, sehr viele meiner Gedanken um den schnöden Mammon habe kreisen lassen. Denn wer viel gehungert hat, will essen. Wer lange durstet, träumt vom Trinken. Und wir träumten vom Geld. Nicht, um es zu horten. Nein, wir wollten nur nicht Zaungäste des Lebens sein. Geld gibt Sicherheit, Geld verleiht Würde, mit Geld kann man gut sein, Geld heißt Zeit haben, Geld macht frei. Wer Geld hat, braucht den lieben Gott beinahe nur noch um Gesundheit zu bitten.

Die Sonnenstrahlen reichten noch nicht bis auf den

Grund der Straßenschluchten Zürichs. Noch lagen die Bürgersteige in wohltuendem Schatten. Der Berufsverkehr war vorüber. Lehrlinge begannen Markisen herunterzulassen und schleppten Verkaufsständer vor die Tür. Das Geschäftsleben erwachte.

Das also waren die Garanten dauerhaften Wohlstands. Züricher Kantonalbank – goldene Lettern zogen sich quer über die anthrazitfarbene Fassade. Das wuchtige Gebäude flößte mir Respekt und Vertrauen ein. Hinter diesen Mauern, in den Stahlkammern würde unser zukünftiges Vermögen ruhen. Hier war es sicher. Sicherer als unser erstes in den Sprungfedern unserer alten Couch. Zwei Kameras waren es – eine Contax und eine Leica –, die wir für unsere geplante Auswanderung gekauft hatten. Sie sollten uns, als gefragte deutsche Qualitätsarbeit, in Australien zu einem erfolgreichen Neubeginn verhelfen. Jedesmal, wenn wir nach einer Fahrt in die Stadt in unser einsam gelegenes Häuschen mit den grünen Fensterladen zurückkehrten, atmeten wir auf, wenn es hinter der Krümmung des Wegs unversehrt auftauchte. Als erstes warfen wir uns dann auf den Fußboden, um zwischen den Spiralen nach den Fotoapparaten zu suchen. Als sich unsere Auswanderungspläne dann später zerschlugen, haben wir sie mit Verlust verkauft.

Kaum, daß wir die Flügeltür zur Züricher Kantonalbank aufgestoßen hatten, kam der Portier aus seinem Glaskasten auf uns zu. Jochens Erklärung, daß wir die Absicht hätten, hier ein Konto zu eröffnen, ließ ihn nicht eine Nuance verbindlicher werden. Portiers und Oberkellner haben mich von jeher unsicher gemacht. Sie haben Röntgenaugen. Dieser hier schien schon zu wissen, daß wir seiner Bank keine große Summe anvertrauen konnten. Er wies uns zur Tür des Schalterraums. Hier schenkte man uns mehr Aufmerksamkeit, als unserem geplanten Einzahlungsbetrag zukam.

Das verdankten wir Jochen, der in Andreas Hofers Hauptquartier keine Steckdose für seinen Rasierapparat gefunden hatte, und unser Feriendress entsprach wohl auch nicht ganz dem Habit der Kunden dieser Bank. Zu früh hatten wir die Allüren der ganz Reichen angenommen, die sich in ihrem Äußeren über jede Konvention hinwegsetzen dürfen und von der Mitwelt nicht nur toleriert, sondern sogar bewundert werden.

Wir waren enttäuscht, daß man uns für unser Geld nicht nur keine Zinsen zahlen, sondern noch eine Verwaltungsgebühr abverlangen wollte. Versöhnend wirkte das Wort Staatsgarantie auf der Quittung unterhalb des Wappentiers, eines Löwen.

Wir verließen die Bank mit dem Gefühl, mit der Eröffnung dieses Kontos den Grundstock zum Wohlstand gelegt und schon jetzt sämtlichen Währungsreformen der Zukunft ein Schnippchen geschlagen zu haben.

Unser Konto ist im Laufe der Zeit immer mehr zusammengeschrumpft, bis wir uns dazu entschlossen, es ganz aufzulösen. Und dennoch, sie waren schön, die Jahre der Hoffnung und der Illusionen. Was wäre das Leben wohl ohne sie! Für den Rest der einst so zukunftsgläubig eingezahlten Summe haben wir einen Teddy gekauft, einen molligweichen kleinen Teddy, den unser Enkel jeden Abend zärtlich an sich drückt und glücklich und zufrieden damit einschläft.

Wer sich ärgert, gibt anderen Leuten die Chance, ihm die Laune zu verderben.

Peter Bamm

Karin Esztermann

Erste Hilfe

Sie fährt mit ihrem kleinen Auto auf der langen geraden Landstraße. Das Auto ist rot, und bei 100 km/h vibriert das ganze Fahrzeug derart, daß sie im Rückspiegel nichts mehr sehen kann. Sie erklärt das Vibrieren des Fahrzeugs immer damit, daß es vor verhaltener Kraft zittert.

Wohlmeinende Freunde sagen, ihr Auto sei das kleinste Gefährt, das man noch als Auto bezeichnen könne. Es ist auch schon nicht mehr ganz neu, was eine liebevolle Verhüllung der Tatsache darstellt, daß das Auto ziemlich alt ist.

Wie üblich hat sie das Gaspedal auf dieser gut zu übersehenden, geraden Strecke voll durchgetreten und erspart sich den Blick in den Rückspiegel, da sie ohnehin nichts als ein zitterndes graues Band sehen würde.

Plötzlich wird das gleichmäßige Knattern unterbrochen. Der Motor klingt anders und wird deutlich langsamer. Sie tritt schnell die Kupplung durch und nimmt das Gas weg. Eigentlich müßte das Knattern jetzt in ein Brummen übergehen, aber statt dessen macht der Motor nur noch müde «Pött-pött-pött».

Als der Wagen am Rande der Straße ausrollt, behält das Auto diese Tonart bei. Sie dreht den Zündschlüssel herum und stellt damit den erbärmlichen Klang ab. Unwillig schüttelt sie den Kopf, daß ihr die großen Ohrringe aus Silberdraht an die Wangen fliegen. Ergeben seufzend steigt sie aus, geht nach vorne und öffnet die Motorhaube. Eigentlich weiß sie gar nicht, was sie mit dem Blick unter die Haube erreichen will, denn ihre Kenntnisse über das kleine rote Auto reichen gerade bis zur Ölkontrolle. Aber tatsächlich entdeckt sie etwas Ungewöhnliches.

Zwei zylinderförmige Dinger sind oben mit je einem Ka-

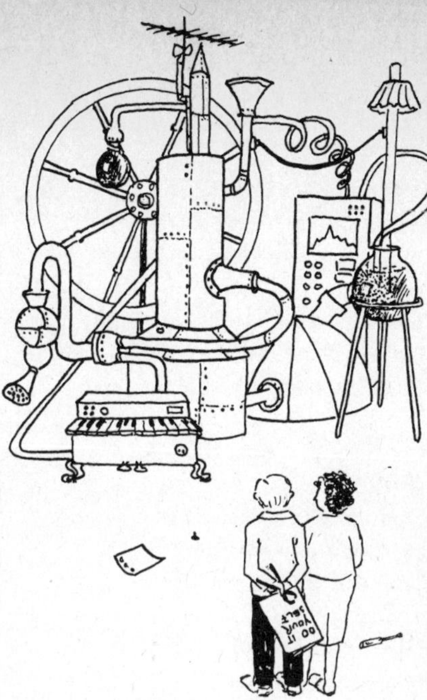

«Auf der Abbildung im Buch sieht es noch etwas anders aus, aber wir werden es bestimmt gut gebrauchen können.»

bel verschraubt, die sich im Gewirr der übrigen Motorteile verlieren. Das heißt, eigentlich ist es nur ein Kabel. Das andere Kabel scheint sich vergeblich zu bemühen, die Mutter, die es eigentlich festhalten soll, zu erreichen.

Ganz klar, das Kabel ist abgerissen, und deshalb funktioniert die ganze Sache nicht mehr. Wie aber kann man ein Kabel, das nicht lang genug ist, wieder mit der ihm vorbestimmten Stelle verbinden. – Nachdenklich zupft sie an ihrem Ohr.

Der Ohrring ist des Rätsels Lösung. Schnell ist das Schmuckstück auseinandergebogen. Leider hat sie versäumt, einen minimalen Bestand an Werkzeug mit sich zu führen. Durch die vielen Vorbesitzer hat sich ein eventuell vorhanden gewesener Bord-Werkzeugsatz auf den Stand Null reduziert.

Die Mutter, unter die das nunmehr aus Silber bestehende Verbindungsstück geklemmt werden müßte, läßt sich mit bloßen Fingern nicht im geringsten aus ihrer Lage bringen. Am abgerissenen Kabelende gibt es auch Schwierigkeiten mit der Verbindung, denn die rote Hülle, die den Kupferdraht umschließt, läßt nur ein ganz kleines Stückchen des Kupfers herausschauen; nicht genug, um es mit dem Silberdraht zu verdrehen.

Eine Zange müßte man haben! Für ihr persönliches Wohl, im Falle einer kleinen Verletzung hatte sie ja einen kleinen Verbandskasten dabei, doch was nützen Mullbinde und Jod bei einer kleinen Autopanne.

Aber Pflaster! Mit Pflaster kann man kleben.

Schnell ist der Kasten hervorgekramt. Sie reißt ein gutes Ende von dem Heftpflasterstreifen ab, klebt damit beide Drahtenden zusammen, und mit einem zweiten Stück wird der Silberdraht an die Mutter geklebt.

Mit den üblichen Geräuschen startet das kleine Auto. Ohne Pött-pött geht es weiter. Vorsichtig bleibt sie unterhalb der Vibrationsschwelle und fährt die nächste Werkstatt an. Der Meister verspricht ihr, den Schaden in ein paar Minuten zu beheben, und bittet sie, in seinem verglasten Büro zu warten.

Sie blättert in Prospekten für große, neue, teure Autos und schaut auf, als aus der Halle lautes Gelächter herüberschallt. Der Meister, umringt von ein paar verschmiert aussehenden Männern in blauen Arbeitsanzügen, zeigt grinsend in ihre Richtung. Klar, solche Leute haben natürlich immer das notwendige Werkzeug für kleine Pannen dabei – aber dann ist es ja keine Kunst mehr. Man muß sich eben zu helfen wissen.

Jo Tuengerthal

Das Haus im Grünen

«Halli, hallo!» Viktor trommelt gegen die Wohnungstür im Treppenhaus. Viermal hat er geklingelt, und obwohl die Lampe deutlich durch die Tür scheint, macht keiner ... Pardon, ich nehme alles zurück: Eben schnackelt's im Schloß. Die Tür wird aufgeschoben. Vielleicht hat Viktor in der Eile doch nur dreimal geschellt. Ihm ist einfach alles zuzutrauen.

«Tante», schallert er in den Flur. «Altes Gebäude!»

Er staunt: «Ganz schön zugejahrt ist sie in der Zwischenzeit!» Tante Ria flackert auf. Ihr spleeniger Neffe Viktor ist endlich mal wieder da.

In der Wohnstube sitzt Onkelchen in seinem giftgrünen Schaukelstuhl. Onkel Otto, genannt Ottchen oder auch Zeba-Ottchen.

«Nimm doch endlich mal die blöden Ohrenklappen ab. Also Ottooo!» Tante Ria zupft an Ottchens Zeitung.

«Was hat er denn mit den Ohren?» fragt Viktor.

«Gar nichts!» Dabei zeigt die Tante streng aufs Fenster. «Das ist wegen dem Wahnsinnskrach da draußen. Tagsüber die dicken Brummer auf der Straße und nachts die blauen Brummer aus der Kneipe.»

Während Ottchen sich weiter durch eine Illustriertenwand von den beiden abschirmt, erzählt Tantchen Viktor von dem Dauerlärm, der pausenlos ihre Wohnung umtobt.

Obwohl sie die wöchentlich einmal polternde Müllabfuhr und den «ollen Schubert» mit seinem knatternden Dreiradlieferwagen nicht mal erwähnt, guckt Viktor tief beeindruckt in seinen Becher mit Hagebuttentee. Den gibt's immer bei der Tante.

«Ich hab's», ruft er. «Ihr braucht ein Haus, abseits vom

Straßenlärm.» Er guckt sie beide strahlend an: «Ja, ein schönes Haus im Grünen!»

Die Tante schüttelt den Kopf. «Viktor! – Ottchen hat doch das Geschäft hier im Zentrum. Wir können doch nicht aufs Land rausziehen!»

«Wieso aufs Land?» unterbricht Viktor. «Hier im Zentrum! Ein Haus im Grünen mitten im Stadtgebiet. Das ist doch viel näher!»

Für einen winzigen Moment schaut Tantchen streng wie ein Tanzlehrer für Eulen drein. «Ein Haus im Zentrum. So was suchen Tausende, Viktor.»

Sie zerrt Ottchen die rechte Klappe vom Ohr und schreit: «Ein Haus will er. Im Zentrum! Mit Garten!»

«O Gott, o Gott!» zittert Onkelchen. «Du sollst mich nicht so erschrecken!»

Die Nachricht selber hat er wohl gar nicht verstanden. Jedenfalls zieht er schleunigst seinen Deckel wieder vors geschockte Ohr. Für heute reicht ihm die Konversation.

Tantchen atmet tief durch. «Nicht mal 'ne Wohnung kriegste hier. Mußt doch Realist bleiben, Viktor.»

«Eben. Ihr wißt doch, ich bin ein findiger Fuchs in solchen Dingen. Das kriegen wir schon hin. Ich besorg euch ein herrliches Haus im Grünen. Wetten? Mitten im Stadtgebiet.»

«Also gut», meint die Tante. «Wenn du das schaffst, dann ... dann kriegst du die alte Truhe, die du schon immer haben wolltest. Alter Gauner, du!»

Am nächsten Tag gibt Viktor folgende Kleinanzeige auf:

> Herrliches Haus im Grünen, mitten im
> Stadtzentrum zu vermieten. Telefon ...

Und am Samstag ist dann der Teufel los. Pausenlos schnurrt das Telefon. Nur gut, daß Onkelchen im Geschäft ist. Viktor managt von Ottchens Schreibtisch aus die Anrufe der unzähligen Mietwütigen. Immer wieder kommt Tantchen dazwischengeplatzt: «Was soll denn das? Wir *suchen* doch ein Haus. Wir haben doch keins zu vermieten! Das läuft doch alles ganz verkehrt.»

Und wieder beruhigt Viktor sie: «Wart ab, Tantchen. Du wolltest doch heute deinen Küchentag machen!»

Unter den Anrufern ist auch ein Professor. Er sucht ein größeres Haus: «Ich bin begeisterter Modell-Eisenbahner. Gerade habe ich die Talstation von der Zillertalbahn direkt neben den Küchentisch verlegt. Das klappt auch wunderbar. Aber nun haben wir nur noch das Badezimmer und den Balkon zum Essen. Meine Frau meint, auf Dauer ... richtig! ... ist das zu eng. Ja, ein größeres Haus brauchen wir. Wo man mal wieder richtig frühstücken kann.»

Viktor vertröstet ihn: «Bei meinem Nachfolgeprojekt ist noch was dazwischengekommen. Ich kann hier noch nicht raus. Wenn Sie aber was hören, das für Sie nicht paßt, weil's zu klein ist: rufen Sie mich an. Dann machen wir einfach», Viktor ist begeistert von sich, «eine Art Quertausch.»

Für alle Fälle läßt er sich das «Eisenbahnerdomizil» des Professors noch beschreiben. Er kritzelt eine Skizze auf seinen Block.

Wenig später ruft eine ältere Dame an. Ihre Tochter ist mit Kindern, Hund und Bratsche dem Freund hinterhergezogen. Sie fühlt sich verloren in ihrem großen Haus und sucht ein kleineres.

Auch ihre Beschreibung setzt Viktor in eine kleine Skizze um. Und auch ihr erzählt er, daß er kurzfristig noch ein anderes Haus besorgen muß, damit er überhaupt räumen kann. «Rufen Sie mich an, wenn Sie was hören!»

Pausenloser Einsatz auch am Nachmittag. Natürlich viele Leute, die selber keine brauchbare Wohnung für Viktor haben. Aber dann wird's heiß.

Der Professor ist noch mal an der Strippe. – «Sie haben ... was? Bitte? Sie haben was Tolles?»

Viktor hält sich das andere Ohr zu und schaltet die ständig redende Tante kurz ab.

«Ein Kollege von Ihnen hat einen Ruf gekriegt? Großartig! Was ist das für ein Haus? Noch mal bitte, ich zeichne gleich mit.»

Wieder malt Viktor kleine Striche auf den Block. Drei Zimmer, Diele und ein großes Oval, das den Garten darstellt. «Habe verstanden», ruft Viktor. «Ein idyllisches Haus. Aber für Sie zu klein! Ich rufe Sie gleich zurück!»

Jetzt breitet Viktor die Skizzen der drei Häuser vor der erstaunten Tante aus. «Alle drei im Stadtgebiet», sagt er. «Und alle drei mit Garten!»

«Und ich spiele auch diesen Blödsinn noch mit. Na gut, ich möchte dies hier!» Dabei zeigt sie auf das Haus des Professors.

«Hab ich mir gedacht!» grinst Viktor.

Nun telefoniert er noch ein paarmal hin und her und kann schnell folgenden Tausch organisieren:

Der Professor zieht in das große Haus der alten Dame. Die alte Dame in das Haus seines Kollegen. Und Tante und Onkelchen in das schöne Haus des Professors.

Sie können es zwar noch nicht so recht glauben, aber es bleibt ihnen keine Zeit, diesem «Blödsinn» auf den Grund zu gehen. Schon bald werden die Möbelpacker kommen und ihr Krämchen hier zusammenpacken. Da es sich um Anschlußumzüge handelt, hat Viktor einen günstigen Tarif für alle drei Umzieher bei der Möbelspedition ausgehandelt.

Und als Viktor sich dann von den beiden in dem herrlichen Haus verabschieden will, da sitzt doch ... das ist doch nicht zu glauben ... da sitzt doch Ottchen ganz hinten im stillen, verwunschenen Garten auf seinem Schaukelstuhl und hat die dicken schwarzen Ohrendeckel wieder auf.

Bei Viktor funkt's. «Der braucht kein ruhiges Haus, sondern eine stille Frau.»

«Nehmen Sie folgende Annonce auf: Erfolgreicher, dynamischer Top-Manager sucht bestbezahlten, verantwortungsvollen Posten bei seriöser Firma.»

Jo Tuengerthal

Der Tiernarr oder: Viktors einsamer Kampf gegen den cimerus-clausus (Zimmermangel)

Später Vormittag. Bedeckter Himmel. Leichter Wind aus Südwest mit Schauern. Einziger Lichtblick: Endlich hat Viktor das Haus Nr. 132 am Stadtrand erreicht. In der Zeitungsannonce hieß es: Zimmer an Nichtraucher zu vermieten.

Von der runden Hauswirtin, die den Putzlappen überm Arm trägt wie ein Ober die Serviette, hört er jedoch, daß ein «feiner Herr» bereits heute morgen gegen 7 Uhr das Zimmer bekommen habe.

«Um sieben?» staunt Viktor. «In der Annonce steht doch: ab 9 Uhr.»

Die Wirtin nickt: «Sie wissen doch, wie das ist. So'n adretter junger Herr. Angestellter beim Elektrizitätswerk der Stadt. Ein bißchen forsch zwar, aber was Besseres. Da sagt man doch nicht nein.»

Sie wendet sich um und verschwindet im Hausflur: «Also dann ...»

«Dieser Streber», ärgert sich Viktor. Schnell schiebt er sich noch in die Tür: «War das der Herr Preusser?»

«Nee», kommt es teilnahmslos zurück, «ein Herr Hühnermann.»

«Hühnermann, Paul Hühnermann? Wie sah der aus?»

«Na, stattlich: Groß, dunkelblond, Hornbrille, Scheitel und hellbraunes Jackett mit Herzellenbogen! – Kennen Sie Herzellenbogen?»

«Ja, ja. Das ist Paule. Der Tiernarr. Sucht schon lange.

Das ist in Ordnung. Ist heutzutage nicht leicht, mit Tieren was zu finden.»

«Mit Tieren? Von Tieren hat er aber nichts gesagt», gakkert die Vermieterin zurück und wendet sich dem Besuch nochmals in ganzer Fülle zu.

«Hören Sie, Paul ist in Ordnung. Freundlich und niemals nachtragend. Sie müssen nur seine Doggen in Ruhe lassen!»

«Doggen? Wieso Doggen?»

«Na ja, er hängt eben besonders an seinen Doggen und den Meerschweinchen! – Ist ja auch was Schönes, so verschiedene Tiere!»

Nun neigt sich Viktor flüsternd an das weitaufgesperrte Ohr der Verdutzten: «Wenn die Meerschweinchen nur nicht so stinken würden.»

«Stinken? Wie viele hat er denn?»

«Wenn Sie die Kleinen nicht mitzählen, sind's eigentlich nur sieben!» Mit vorgehaltener Hand wirkt er weiter auf das große Wirtinnenohr ein: «Meerschweinchen selbst sind ja genügsam. Die machen alle zusammen nicht halb so viel Krach wie Lelo. Wenn der schreit ...!»

«Wer ist Lelo?»

«Na, sein Affe. Rundum grün. Ein grüner Affe! Irres Vieh, aber schlau und geschmeidig. Kriegt jede Tür auf!»

«Tür auf?»

«Alles halb so schlimm. Eigentlich ist er harmlos. – Nur nachts, wenn alles schläft, dann wandelt er schon mal durch die Zimmer. Schleicht sich klammheimlich ran, und auf einmal», Viktor wird laut, «schreit er einem voll ins Ohr!»

Die Wirtin zuckt zusammen. Viktor guckt wieder harmlos drein: «Aber er tut einem nichts. – Macht nur Spaß!»

Ein kurzes «Hm» und ein langes Ausatmen der Entsetzten. Viktor schaut sich um. Geheimnisvoll beugt er sich vor zum Kopf der still Empörten:

«Sehen Sie sich nur vor bei seiner gelben Kiste. Der Schlangenkiste. Sieht aus wie'n Briefkasten von der Post!»

«Schlangen?»

«Ziemlich große Viecher. Sollen aber harmlos sein.» Etwas leiser: «Sagt man!»

«Schlangen? – Also Schlangen kommen mir nicht ins Haus!» Sie leuchtet auf. Ihre Stimme kriegt quäkendes Gefälle, sie überschlägt sich fast.

«Sagen Sie ihm einfach, er soll Türen und Fenster geschlossen halten. Dann stinkt's zwar ein bißchen nach den Meerschweinchen, aber mehr können Sie für Ihre Sicherheit gar nicht tun! – Und Vorwürfe brauchen *Sie* sich auch nicht zu machen.»

«Und der grüne Affe stößt dann die Türen auf und kommt mit den Schlangen und Doggen ins Schlafzimmer?» Sie zeigt auf die Stirn: «Hier! Ohne mich! – Gott sei Dank, der hat nichts Schriftliches in der Hand.»

«Aber gnädige Frau! – Der Paul selbst ist in Ordnung. Wäscht sich, riecht nicht, kriegt selten Besuch. Und vor allem: Kein bißchen nachtragend!»

«Nee, nee. Der kriegt das Zimmer nicht. Ohne Mietvertrag kann er nichts machen. Dieser ... Tiernarr, der! Nur, die anderen Interessenten habe ich schon alle weggeschickt!»

«Das ist schade!»

«Sagen Sie, Sie suchen doch auch ein Zimmer?»

«Das wohl!»

«Und Sie haben bestimmt nicht so viele Tiere?»

«Das nicht!»

«Wissen Sie was? Sie kriegen das Zimmer. Ich geb's Ihnen gleich schriftlich, dann kann der Tiernarr nichts mehr wollen.»

Als später der ‹Tiernarr› kommt, den man zwar zum Narren hielt, der aber kein einziges Tier besitzt, erfährt er von der Wirtin, daß sie nun doch plötzlich das Zimmer selber brauche.

«Sie sind wohl Tierliebhaber?» fragt sie ihn noch.

«Tierliebhaber? Ein Tiernarr bin ich! Sonst würde ich mir so was nicht von Ihnen bieten lassen!»

Wütend trägt er seine Kisten und Koffer wieder den langen Gartenweg zurück.

Am späten Abend, als Viktor längst mit seinen Siebensachen eingezogen ist, wird die Wirtin noch einmal von ihm herausgeklopft. «Ich muß noch mal weg und einiges holen. Würden Sie da freundlicherweise ab und zu meinem Schwein etwas frisches Wasser nachfüllen? Dann grunzt es nicht so laut!»

«Schwein? Sie haben ein Schwein im Zimmer? Ich denke, Sie haben keine Tiere!»

«Was heißt hier Tiere? Schwein hab ich! – So läuft's nun mal: Der eine hat Meer-Schweinchen, der andere mehr Schwein!»

Wolfram Eicke

Wie ich zu meiner ersten Million kam

Als ich beschloß, eine Bank zu überfallen, war es Viertel nach vier – also schon kurz vor Schalterschluß –, und ich mußte mich beeilen. Ohne nach einer für meine Absichten besonders geeigneten Bank zu suchen, betrat ich in einer kleinen Seitenstraße den Schalterraum einer Sparkassen-Filiale. Vor dem einzigen noch geöffneten Schalter standen die Kunden Schlange; ich stellte mich hinten an. Während ich wartete, hatte ich Zeit, mir zu überlegen, wie ich meinen Zweck am besten erreichen könnte. Ich bin ein sanfter Mensch und wollte durch mein Vorhaben möglichst niemandem allzugroße Unannehmlichkeiten bereiten.

Endlich war ich an der Reihe. Ich legte dem Kassierer einen Scheck über 500000 Mark hin, den ich ausgefüllt hatte, als ich in der Schlange wartete. Der Mann hinterm Schalter sah mich etwas zweifelnd an: «Ein bißchen viel für einen einzigen Scheck, meinen Sie nicht?»

«Keine Sorge», antwortete ich, «der Scheck ist ohnehin nicht gedeckt.» Lächelnd zeigte ich meine Pistole.

«Ach so, selbstverständlich, mein Herr», entgegnete der Kassierer etwas unsicher. «Wie möchten Sie das Geld?» fragte er mich.

«Ach, das ist mir eigentlich egal. Etwas Kleingeld sollte allerdings dabei sein.»

Der Angestellte holte einen großen Stapel Banknoten hervor und begann, sie mir einzeln vorzuzählen. Da er offenbar ein netter Mensch war, begann ich ein wenig mit ihm zu plaudern: «Hatten Sie viele Banküberfälle in der letzten Zeit?»

«Es geht. Sonst ist hier vor Weihnachten mehr los», antwortete er und fragte dann in höflich-interessiertem Ton:

«Was haben Sie eigentlich mit dem ganzen Geld vor?»

Ich konnte ihm nicht sofort antworten, denn in diesem Augenblick rief der Herr, der in der Schlange hinter mir stand: «Donnerwetter – ein Patson-Colt aus dem Jahre 1903! Das Ding ist ein Vermögen wert. Sind Sie Sammler?»

«Nein», bekannte ich, «aber Sie scheinen sich auszukennen. Sammeln Sie Waffen?»

«Meine einzige Leidenschaft! Wollen Sie mir die Pistole verkaufen?»

«Sehr gerne», erwiderte ich. «Aber gedulden Sie sich bitte noch einen Moment. Im Augenblick brauche ich den Colt nämlich noch.» Damit spielte ich auf die Tatsache an, daß ich die Waffe immer noch auf den Kassierer gerichtet hielt. Eigentlich eine überflüssige Vorsichtsmaßnahme, denn der Mann machte einen sehr vernünftigen Eindruck. Dabei fiel mir ein, daß ich ihm immer noch eine Antwort auf seine Frage schuldete, was ich mit dem Geld überhaupt vorhätte. «Ich habe mir noch nicht sehr viele Gedanken darüber gemacht», erklärte ich ihm. «Erst einmal ist es wichtig, daß ich das Geld habe. Dann werde ich in Ruhe Pläne machen. Man soll ja nichts überstürzen.»

«Sehr vernünftig», meinte der Angestellte. Ihm schien plötzlich ein Gedanke zu kommen: «Wenn Sie es ohnehin nicht gleich ausgeben wollen – wäre es dann nicht gescheiter, ein Konto anzulegen und das Geld vorerst auf der Sparkasse zu lassen? Da bringt es Zinsen.»

Der Vorschlag gefiel mir. Ich gab ihm also bis auf ein paar tausend Mark das Geld zurück und bat ihn, auf meinen Namen ein Konto einzurichten. «Wie hoch ist übrigens der Zinssatz zur Zeit?» erkundigte ich mich.

«Für Festgeld fünf Prozent», lautete die Antwort.

Ich überlegte. «Dann geben Sie mir doch bitte noch weitere 500000 Mark», bat ich, «und zahlen Sie sie ebenfalls auf mein Konto ein. Das bringt dann zusammen fünfzigtausend Mark Zinsen pro Jahr. Davon kann ich gut leben.»

«Wie Sie wünschen.» Der Kassierer war offensichtlich sehr angetan von meiner Idee; aus seinem Tonfall meinte ich Bewunderung heraushören zu können.

Wer je ein Konto bei einer Bank eröffnet hat, weiß, daß so etwas nicht lange dauert. Die Formalitäten waren also schnell erledigt. Ich wünschte dem freundlichen Angestellten noch einen schönen Tag und verabredete mich für eine Viertelstunde später mit dem Waffensammler, um über den Preis meiner Pistole zu verhandeln. In einem Anfall von vorweihnachtlicher Stimmung habe ich sie ihm dann schließlich geschenkt. Der gute Mann hat sich gefreut wie ein Kind. Aber mit einem festen Jahreseinkommen von 50000 Mark netto werde ich ohnehin keine Pistole mehr brauchen.

Günter André

Ein Optimist

Es war ein schöner Herbsttag, als ich in der Stadt zufällig Heinz Rosenblum, einen alten Schulfreund, traf. Ich hatte ihn seit Jahren, genauer gesagt seit Verlassen der Schulbank, nicht mehr gesehen. So war meine Freude, ihn nach all den Jahren wiederzusehen, um so größer. Aber war dieser blasse, matte Mann eigentlich noch der gute alte Rosenblum? War es derselbe Rosenblum, der niemals vor den Klassenarbeiten lernte, weil er wußte, daß es ohnehin klappen würde? War es derselbe Rosenblum, der sich nie eine Busfahrkarte kaufte, weil er wußte, daß er sowieso nie erwischt werden würde? Derselbe Rosenblum, der mit dreizehn Jahren die Schule verlassen wollte, weil er wußte, daß er auch so entweder Fußball-Nationalspieler, Bundeskanzler oder beides werden würde? Kurz: war das noch der unerschütterliche, unvergleichliche, unbeschreibbare Universal-Optimist?

Mißmutig vor sich hinstarrend, den Kopf schwer auf die rechte Hand gestützt und mit der anderen lustlos den Kaffee umrührend, zu dem ich ihn eingeladen hatte, saß er nun vor mir. Ein Stück fleischgewordene Bitternis.

«Rosenblum, alter Junge», sagte ich und klopfte ihm aufmunternd auf die Schulter, «nun erzähl mal! Wie ist es dir denn in der Zwischenzeit so ergangen?» Und fügte, da sich in der traurigen Tiefe seines Gesichtes kein Anzeichen von Reaktion spiegelte, konkretisierend an: «Wie läuft's denn beruflich?» Aus leidenden Augen sah mich Rosenblum lange und stumm an. Schließlich führte er mit kraftlosem Arm die Tasse an die blutleeren Lippen, nippte kurz und wischte sich verbittert über den angefeuchteten Mund. Dann begann er:

«Beruflich? Ich habe nichts als Pech gehabt. Gleich nach der Mittleren Reife habe ich mich bei Krupp, Siemens und AEG beworben.»

«Als was?» fragte ich dazwischen.

«Als generalbevollmächtigter Manager. Aber diese Idioten schickten mir nicht einmal ein Antwortschreiben. Vermutlich hatten sie Angst, ich würde ihnen den Rang ablaufen. Fünf Jahre habe ich gewartet. Vergeblich!» Mit unsäglicher Verachtung stieß er dieses letzte Wort hervor. Feuriger Haß flammte in seinen Augen auf bei der Erinnerung an die gestohlene Jugend.

«Und dann?»

«Dann flog ich nach Italien und bereitete mich ein Jahr lang intensiv auf die dortigen Präsidentschaftswahlen vor. Ich fing an, die italienischc Geschichte zu studieren, wälzte dutzende Bücher über Staatslehre und begann schließlich sogar, die italienische Sprache zu erlernen. Es war alles ganz genau geplant. Es hätte gar nichts schiefgehen können, wenn ...»

«Wenn?»

«Wenn diese Schwachköpfe in Italien nicht dieses verfluchte Gesetz hätten, daß nur Ausländer, und zwar italienische, kandidieren dürfen», zischte Rosenblum zwischen den Zähnen hervor.

«Und weiter?» fragte ich.

«Nach diesen enttäuschend verlaufenen Bewerbungen um Arbeitnehmerjobs machte ich mich selbständig. Ich bekniete meinen Vater, mir vorzeitig mein Erbteil auszuzahlen, und versuchte bei der Deutschen Bank einen Kredit in Millionenhöhe aufzunehmen, um eine neue Fluggesellschaft einzurichten. Aber diese Narren schwatzten nur etwas von ‹keine Sicherheiten› und wollten mir meine Millionen nicht ausbezahlen. Vermutlich waren sie von der Lufthansa gekauft. Bah, diese Wirtschaftsverbrecher!» Angewidert spuckte er aus. Dann fingerte er aus seiner Manteltasche ein kleines Foto hervor, betrachtete es liebevoll ein Weilchen und hielt es mir hin.

«Was siehst du hier?»

«Einen alten VW-Bus», antwortete ich wahrheitsgemäß.

«Ich habe ihn mir vor zwei Monaten von meinem frühzeitig ausgezahlten Erbteil gekauft. Es sollte der Grundstock meines neugegründeten Transportunternehmens sein. Alles lief zunächst großartig. Von Schulkindern bis zu Insektenvernichtungsmitteln transportierte ich grundsätzlich alles, und zwar mit viel Erfolg. Hör zu: In spätestens fünfzehn Jahren wäre ich Transportmilliardär gewesen! Das ist sicher. Aber dann hatten diese Banditen gestern plötzlich diese Ampel aufgestellt!»

«Wer hatte eine Ampel aufgestellt?»

«Na, diese Wegelagerer vom Straßenverkehrsamt. Mitten in der Innenstadt. Und auch noch so, daß sie gerade Rot zeigte. Es machte nur noch ‹Krach›. Dabei hätte ich schwören können, daß von der anderen Seite niemand kam!» Seine Lippen begannen zu zittern. «Diese Ampel hat mich ruiniert, verstehst du?» Langsam traten ihm große glitzernde Tränen in die Augen. Er nestelte ein zerknittertes Taschentuch hervor und schneuzte sich.

«Und privat?» versuchte ich schnell das Gespräch auf ein hoffnungsvolleres Thema zu bringen. «Was ist aus deinen Jugendwünschen geworden? Hast du die Frau deines Lebens gefunden?»

Wieder sah mich Rosenblum aus gequälten Augen lange und stumm an, ehe er antwortete.

«Ja. Ich hatte sie gefunden», sagte er tonlos. «Eines wunderbaren Frühlingsabends ist sie mir im Kino begegnet.»

«Liebe auf den ersten Blick?»

«Ja. Sie war wie geschaffen für mich. ‹Heinz, alter Junge›, sagte ich zu mir, ‹das ist sie, die Frau deines Lebens.› Ihr bezauberndes blondes Haar, diese sagenhafte Figur. Während des ganzen Films hatte ich nur noch Augen für sie.»

«Und sie?»

«War mir willenlos ergeben. Gleich mehrmals fand ihr Blick den meinen, lächelte sie mir zu.»

«Und dann?» fragte ich ungeduldig. «Was dann?»

«Dann fiel der Vorhang, und plötzlich war sie weg», fuhr Rosenblum fort. «Gleich am nächsten Tag habe ich ihre Adresse ausfindig gemacht und schriftlich um ihre Hand angehalten.»

«Und weiter? Was folgte?»

«Unsagbare Tage und Nächte des Bangens. Und dann, eines frostigen Sommermorgens, erfuhr ich es aus der Zeitung: Mein Brief war zu spät gekommen. Sie war tot!» Erneut füllten sich seine Augen mit bitteren Tränen. «Vermutlich war es die übergroße Sehnsucht nach mir, die sie in den Tod getrieben hat. Hätte ich doch nur schneller gehandelt! Aber ich schwöre, daß ich sie nie vergessen werde.»

«Wie hieß sie denn?» fragte ich ergriffen.

«Marilyn Monroe», schluchzte er.

Und dann war es mit seiner Selbstbeherrschung vollends vorbei. Tränen strömten aus seinen schmerzerfüllten Augen und rannen in schlanken Bächlein über seine eingefallenen Wangen. Zitternd griff er mich am Arm, schüttelte mich und wimmerte: «Warum? Habe ich jemals viel vom Leben verlangt? Aber nicht einmal das Wenige war mir vergönnt. Keine Frau. Kein Geld. Nichts. Mein Dasein hat keinen Sinn mehr. Wozu noch länger leben!»

Eine Woge des Mitleids durchflutete mich. Instinktiv glitten meine Hände in die Manteltaschen und durchsuchten sie nach einer Frau, nach Geld und Sinn für meinen Freund. Aber alles, was sie zutage förderten, waren lächerliche 3,40 DM, ein Kugelschreiber und ein nicht ausgefüllter Lottoschein. Es war alles, was ich geben konnte. Aber es bewirkte Wunder. Wie auf Befehl versiegte das Tränenbächlein, und Rosenblums Wangen blühten auf wie das Begehren eines Jünglings in lauer Sommernacht. In Sekunden verjüngte er sich um Jahre. Vergnügt lachend griff er zum Kugelschreiber und begann, auf dem Lottozettel wahllos da und dort Ziffern anzukreuzen. Zwischendurch blickte er einige Male auf und zwinkerte mir lustig zu.

Beim Abschied klopfte mir mein alter Schulfreund Rosenblum noch einmal fröhlich auf die Schulter. «Mensch, danke für den Hinweis, alter Kumpel. Spätestens nächste Woche bin ich Millionär, und die Frauen reißen sich um mich!» ließ er mich beseligt wissen. «Im allgemeinen bin ich ja nicht so zuversichtlich, aber hier darf nicht gezweifelt werden. Immerhin habe ich mindestens sechs Richtige. Das ist gewiß.»

Es dämmerte schon in den leeren Straßen, als ich seine Silhouette mit ausgelassenen Bocksprüngen im Blaßrosa der untergehenden Sonne verschwinden sah.

Bernhard Lassahn

Was ich noch sagen wollte

«äh –
was ich noch sagen wollte.
Auf Gleis 11
ist eben der Eilzug
nach Bremen
über Münster,
Osnabrück
abgefahren.
Bitte eingestiegen zu sein
und die Türen geschlossen zu haben.»

Im Grunde bin ich doch froh, daß wir diese gefährlichen Pershings hier in Mutlangen jetzt wieder los sind, Mutti.
B.R. 83

Autoren und Textquellen

Günter André (*15.3.1964, lebt in Mainz)
Ein Optimist, S. 83, Erstveröffentlichung.

Oskar Blumenthal (1852 Berlin–1914 ebd.)
Den Pessimisten, S. 17.

Wilhelm Busch (1832–1908)
Tröstlich, S. 15.

Christel Ehlert (*15.7.1923 Elbing/Ostpr., lebt als Schriftstellerin in Itzehoe bei Hamburg)
Illusionen, S. 61. Aus: Der Babysitter und andere Geschichten, rororo 4497.

Wolfram Eicke (*7.11.1955 Lübeck, lebt als Rundfunkmitarbeiter und Schriftsteller in Lübeck-Wulfsdorf)
Wie ich zu meiner ersten Million kam, S. 80. Erstveröffentlichung.

Karin Esztermann (lebt als Nebenbei-Schriftstellerin in Düsseldorf)
Erste Hilfe, S. 68. Erstveröffentlichung.

Heinrich Heine (13.12.1797 Düsseldorf–17.2.1856 Paris)
Lamentation, S. 14.

Joseph Jacobs (Dichter des 19. Jahrhunderts)
Der Trödler von Swaffham, S. 34.

Erich Kästner (3.2.1899 Dresden–29.7.1974 München)
Ein Pessimist, knapp ausgedrückt, S. 16. Aus: Lärm im Spiegel. *Spaziergang nach einer Enttäuschung*, S. 19. Aus: Gesang zwischen den Stühlen. *Eine Mutfrage*, S. 31. *Für Stammbuch und Stammtisch*, S. 31. Aus: Kurz und bündig. Abdruck mit freundlicher Genehmigung des Atrium Verlages, Zürich.

Klaus Kordon (*1943 in Berlin, Autor zahlreicher Kinder- und Jugendbücher, lebt in Schwalbach/Taunus)
Das größere Problem, S. 46. Erstveröffentlichung. *Wie es dir gefällt*, S. 46. *Teilhaber*, S. 47. Abdruck mit freundlicher Genehmigung des Spectrum Verlages, Fellbach.

Hans Kruppa (*1952 Marl/Westfalen, lebt als Schriftsteller in Bremen)
Kleine Morgengymnastik, S. 49. Aus: Schau mal rein. Abdruck mit freundlicher Genehmigung des Schneekluth Verlages, München.

Otto Heinrich Kühner (*1921 Nimburg/Baden, lebt als Schriftsteller in Kassel)
Ein Lächeln zum Weiterreichen, S. 36. *Erwiesene Wirkkraft eines Glücksbringers*, S. 37. Aus: Pummerer-Verse, Ullstein-Verlag, Berlin. Abdruck mit freundlicher Genehmigung des Autors.

Bernhard Lassahn (*1951, lebt als Schriftsteller in Hamburg)
Was ich noch sagen wollte, S. 88. Abdruck mit freundlicher Genehmiung des Autors.

Alfred Polgar (17.10.1873 Wien–24.4.1955 Zürich)
Der Lastträger, S. 26. Aus: Kleine Schriften, Rowohlt Verlag.

Jacques Prévert (4.2.1900 Neuilly-sur-Seine–11.4.1977 Omonville-la Petite)
Die verlorene Zeit, S. 48. Aus: Gedichte und Chansons. Französisch und Deutsch. Nachdichtungen von Kurt Kusenberg, rororo 1421.

Otto Reutter (1870 Worbis auf dem Eichsfeld–1931 Düsseldorf)
In fünfzig Jahren ist alles vorbei, S. 57. Abdruck mit freundlicher Genehmigung des Verlages Otto Teich, Darmstadt.

Joachim Ringelnatz (7.8.1883 Wurzen bei Leipzig–16.11.1934 Berlin)
Und auf einmal steht es neben dir, S. 18. *Komm, sage mir, was du für Sorgen hast*, S. 23. Aus: Das Gesamtwerk in sieben Bänden. Abdruck mit freundlicher Genehmigung des Henssel Verlages, Berlin.

Eugen Roth (21.4.1895 München–28.4.1976 ebd.)
Vorsicht, S. 12. *Zweierlei*, S. 12. *Hoffnungen*, S. 12. Abdruck mit freundlicher Genehmigung des Carl Hanser Verlages, München, und der Erben.

Karl-Heinz Söhler (*1923 Hamburg, lebt als Versicherungsmakler in seiner Heimatstadt)
Ein jeder hat, S. 9. Aus: Wir sind doch ganz erträglich, rororo tomate 5477. © Hoffmann & Campe Verlag, Hamburg 1982. *Alltagsweisheiten*, S. 21.

Gottfried Strohschneider (*1920 Böhmen, lebt in Gauting bei München)
Der Pirol, S. 38. Aus: Fridolin, rororo 4965.

Kurt Tucholsky (9.1.1890 Berlin–21.12.1935 Hindås/Schweden)

Das Ideal, S. 10. Aus: Gesammelte Werke in 10 Bänden. Rowohlt Taschenbuch Verlag.

Jo Tuengertal (*23.6.1937 Waltershausen/Thüringen, Sozialwissenschaftler, Dozent, freier Funk- und Fernsehautor. Lebt in Spanien und Heidelberg)
Das Haus im Grünen, S. 71. *Der Tiernarr*, S. 76. Erstveröffentlichungen.

Konstantin Wecker (*1.6.1947 München, lebt als Musiker, Schriftsteller und Schauspieler hauptsächlich in seiner Heimatstadt)
Genug ist nicht genug, S. 32. Aus: Ich will noch eine ganze Menge leben, rororo 4797. Abdruck mit freundlicher Genehmigung des Liedermacher Musikverlages Vivi Eickelberg GmbH, Berlin.

Hugo Wiener (Kapellmeister, Librettist, Drehbuchautor und Schriftsteller, lebt in Baden bei Wien)
Die Bruderschaft zur Verbesserung aller Zustände, S. 50. Aus: Das sind ja schöne Zustände, Knaur Taschenbuch 2141. © Amalthea Verlag, Wien.

Bildnachweis

S. 8, 16/17	Peter Kaste, Erlangen*
S. 15	Wilhelm Busch
S. 20, 63, 82	Karl-Heinz Brecheis, München*
S. 24/25	Erich Rauschenbach, Berlin*
S. 26/27/28/29/30, 48, 87	Britta van Hoorn, Hamburg
S. 37	Miroslav Barták, via Agentur Skupy, München
S. 40	Doris Hax, Zelg-Wolfshalden/ Schweiz*
S. 45	Gerald A. Mayerhofer, Wien*
S. 52	Jules Feiffer, aus: Wo geht's lang, Mann? Rowohlt Verlag GmbH, Reinbek
S. 56	Reinhold Löffler, Dinkelsbühl*
S. 69	Renate Fuhrmann, Hamburg
S. 75	Dieter Stadler, München*
S. 79	Klaus Pitter, Wien
S. 89	B. Ronstein, aus: Ratgeber für die geistig-moralische Erneuerung, Verlag Rasch und Röhring, Hamburg

*Kontakt auch über: Cartoon-Caricature-Contor, Clemensstraße 27, 8000 München 40.

Vielen Dank ...

... Jan Enns für die gute und ermunternde Zusammenarbeit!
... Hans-Horst Skupy und seinem Zitatenschatz.
... Siegfried Oehlke und Gero Flurschütz (Fachbereich Illustration der Fachhochschule für Gestaltung, Hamburg) für Rat und Engagement.

Kleine Geschenke erhalten die Freundschaft

Oh, bin ich glücklich!
Das geheime Buch für Verliebte (5721)

Oh danke, ich mach das schon selbst!
Das Buch für starke Frauen (5722)

Oh, Mann!
Kleine Stärkung für Adams neuen Mut zum Schwachwerden (5723)

Oh, das kriegen wir schon hin!
Von Lebenskünstlern und unerschütterlichen Optimisten (5724)

Oh, die Katz ist weg!
Über das aufregende Leben mit eigensinnigen Samtpfoten (5725)

Oh, schon Mittag?
Aufgeweckte Geschichten für Langschläfer und Morgenmuffel (5726)

Oh nein, schon wieder Rot!
Unentbehrliche Begleitlektüre für leidenschaftliche Autofahrer (5727)

Oh, ist das komisch!
Geschichten und Späße für fröhliche Leute (5728)

Oh, das tut gut!
Geschichten für Genießer (5729)

Oh, Tor!
Doppelpässe und Abseitsgeschichten für Fußballer und Fans (5730)

Herausgegeben von Meike Wolff.
Jeder Band DM 5,–

rororo

C 2179/1